Jean-Pierre Siréjol

VOL.1 EST

LACS DES PYRÉNÉES

LES PLUS BELLES RANDONNÉES : LUCHONNAIS, VAL D'ARAN, ARIÈGE, ANDORRE, CERDAGNE, CAPCIR

RANDO éditions

Photos de couverture : de haut en bas, étang d'Appy, étang Long et lac En Beys.

Toutes les photographies sont de l'auteur.

Conception maquette, prépresse et fabrication : Glénat Production (Grenoble)
Cartographie :
- cartes des randonnées : Murielle Dubois Rando Éditions / Éditions Glénat
- carte de localisation des randonnées : extrait de la carte générale touristique Pyrénées au 1/400 000e, © Rando Éditions

Couvent Sainte-Cécile – 37, rue Servan – 38000 Grenoble

ISBN : 978-2-344-02797-4
Dépôt légal : mai 2018

La richesse des Pyrénées est multiple, elle est humaine, pastorale, forestière. Sa géologie et sa géographie complexes baignées d'eau et de lumière ont façonné ces centaines de vallées différentes, toutes si singulières et merveilleusement riches de plus de 2500 lacs dispersés sur les deux versants de la chaîne franco-espagnole. Ce n'est pas tant le nombre qui en fait la valeur mais bien la beauté et le bien-être qu'ils nous procurent. Ils sont nés pour la plupart de la puissance érosive des glaciers qui couvraient l'ensemble de la chaîne. Certains sont immenses, d'autres ne sont que des mares, certains hauts perchés sont presque inaccessibles mais la grande majorité sont abordables et très accueillants. Ils sont parfois étranges, de toutes formes et de toutes couleurs, peu ou très profonds, coincés dans la roche ou étirés dans la pelouse, en balcon ou au fond d'un entonnoir comme un volcan endormi. La forte influence du climat méditerranéen court sur la montagne catalane et remonte très loin à l'intérieur des terres jusqu'aux portes de l'Aragón. La symbiose entre le puissant soleil et l'eau a permis le développement de la forêt jusqu'à une très haute altitude. Les pins à crochets, dont certains plus que séculaires, agrémentent chaleureusement les rives de ces lacs. De leur port tortueux parfois décharné, ils sont la touche finale de l'artiste sur ce tableau pyrénéen.

Ici on parle de lac, de laquet, d'étang, d'estanyol, d'estany, d'esthan ou encore d'ibón et ils sont le révélateur d'autant de particularités linguistiques: catalane, occitane, espagnole. En exemple l'Ariège sous l'influence de la Catalogne voisine utilise autant l'appellation de lac que celle d'étang (un dérivé d'estany). Et l'usage local est parfois plus fort que le terme officiel.

Ce premier volume est consacré à la moitié est de la chaîne des Pyrénées, la partie orientale qui s'étire du Luchonnais (Haute-Garonne) au Capcir (Pyrénées-Orientales) côté français et du val de Bénasque à la Cerdagne espagnole, coté ibérique. Au cœur de cette zone, deux régions sont particulièrement riches en nombre de lacs, l'Ariège et le val d'Aran (avec en particulier le parc national d'Aigüetortes), elles accaparent à elles seules les trois-quarts des itinéraires de ce guide.

Le choix de ces 50 randonnées vers un ou plusieurs lacs est tout à fait subjectif: il est le fruit de mon histoire pyrénéenne, de mes rencontres, de mes goûts mais il était essentiel qu'ils soient tous accessibles à la grande majorité des randonneurs. Certains d'entre vous regretteront qu'il manque tel ou tel lac, mais il n'est pas possible de les inclure tous. Ces 50 itinéraires - sans compter les nombreuses variantes et suggestions - ouvrent la visite à plus de 150 lacs naturels. Les plus faciles se gagnent en moins d'une heure et les plus hauts ou les plus éloignés sont accessibles en 4 heures de progression, des sorties à la demi-journée ou à la journée pour profiter pleinement des lieux. Il y en a pour tous les goûts. Ils sont tous là pour nous narguer, nous attirer ou nous impressionner, mais jamais ne nous lassent.

Les lacs n'attirent pas que les randonneurs, ils sont aussi le terrain de prédilection des pêcheurs. Autrefois peu de lacs d'altitude étaient poissonneux naturellement. Quelques bergers auraient transporté des truites et ainsi alimenté quelques lacs.

Pour des raisons touristiques et économiques, les premiers lacs ont été alevinés à la fin du XIXe et début du XXe siècle (période faste des villes thermales). À partir de 1936, l'alevinage est organisé par l'État sous l'impulsion des Eaux-et-Forêts: outre la fario, la truite sauvage et indigène, on introduit des espèces comme la truite arc-en-ciel et le saumon de fontaine (tous les deux d'origine américaine) et l'omble chevalier d'origine alpine. Dans les années 1950, fut introduit pour la première fois le cristivomer namaycush en provenance du Canada. Ce poisson de 7 à 8 kg peut vivre jusqu'à 2600 m d'altitude, mais vorace il s'attaque aux autres espèces. La reproduction étant difficile en altitude pour certaines espèces, un alevinage régulier se fait par hélicoptère.

Étang du Moulsut.

LOCALISATION DES RANDONNÉES

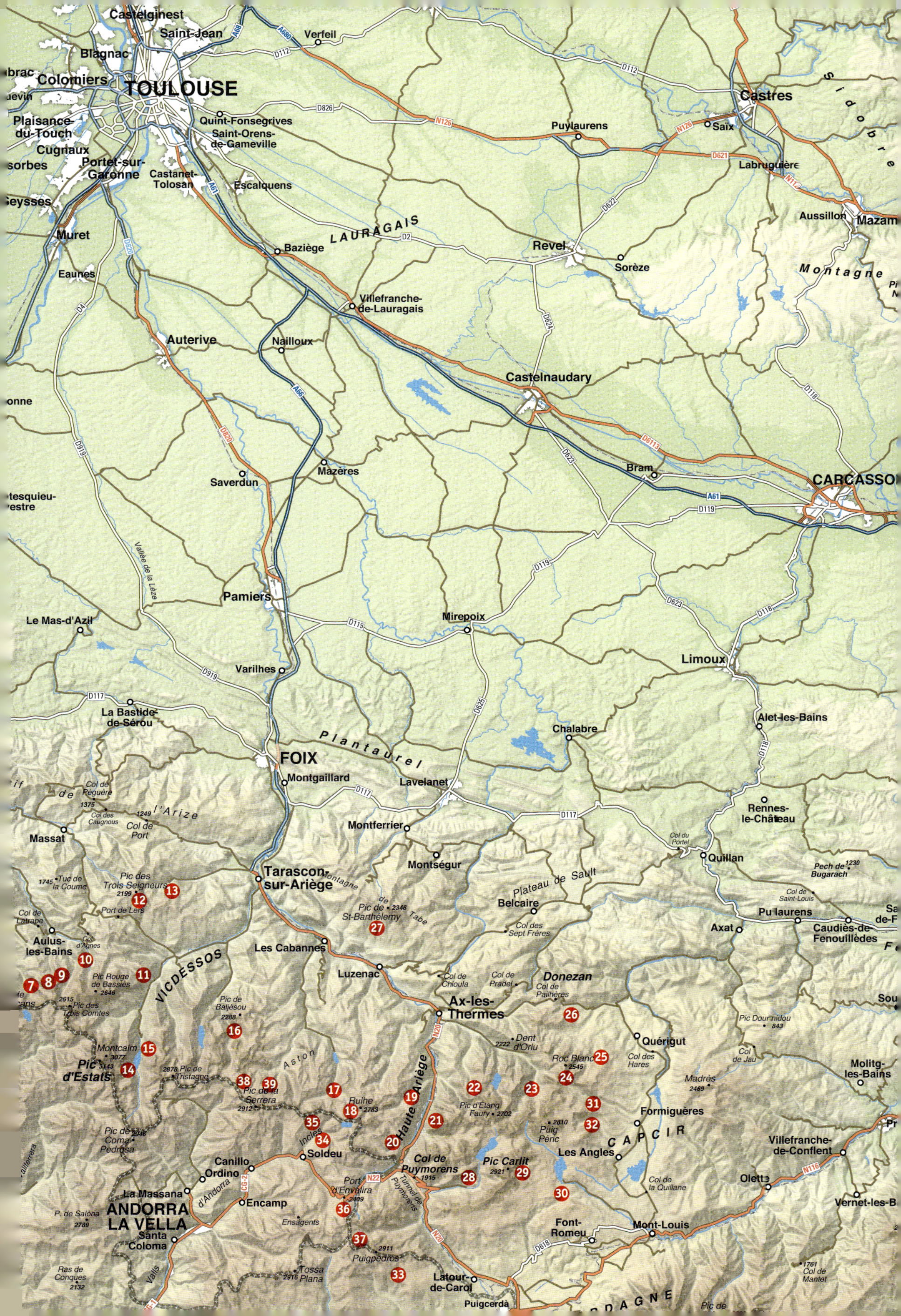

Castelginest
Saint-Jean
Verfeil
Blagnac
Colomiers
TOULOUSE
Castres
Quint-Fonsegrives
Saint-Orens-de-Gameville
Plaisance-du-Touch
Cugnaux
Portet-sur-Garonne
Castanet-Tolosan
Escalquens
Puylaurens
Saïx
Labruguière
Aussillon
Muret
Eaunes
Baziège
LAURAGAIS
Revel
Sorèze
Montagne
Villefranche-de-Lauragais
Auterive
Nailloux
Castelnaudary
Mazères
Saverdun
Bram
CARCASSO
Pamiers
Mirepoix
Le Mas-d'Azil
Varilhes
Limoux
La Bastide-de-Sérou
Chalabre
Alet-les-Bains
Plantaurel
FOIX
Montgaillard
Lavelanet
Rennes-le-Château
Massat
Montferrier
Quillan
Tarascon-sur-Ariège
Montségur
Pic des Trois Seigneurs
Pic de St-Barthélemy
Belcaire
Plateau de Sault
Axat
Puilaurens
Caudiès-de-Fenouillèdes
Aulus-les-Bains
Les Cabannes
Luzenac
Donezan
VICDESSOS
Ax-les-Thermes
Pic Rouge de Bassiès
Montcalm
Pic d'Estats
Quérigut
Roc Blanc
Haute Ariège
Rulhe
Pic de Serrera
Formiguères
Molitg-les-Bains
CAPCIR
Les Angles
Villefranche-de-Conflent
Canillo
Ordino
Soldeu
Col de Puymorens
Pic Carlit
La Massana
Encamp
Port d'Envalira
Olette
ANDORRA LA VELLA
Santa Coloma
Font-Romeu
Mont-Louis
Vernet-les-Bains
Puigpedros
Tossa Plana
Latour-de-Carol
Puigcerdà

Avant de partir, vous allez choisir un itinéraire. Veillez à rester modeste quant à vos capacités techniques et d'endurance, et surtout à faire votre choix en fonction de la personne supposée la plus faible de votre groupe.
Partez tôt le matin, la lumière est plus belle, vous éviterez les orages de fin de journée et vous aurez suffisamment de temps devant vous pour organiser votre journée.
Veillez à emporter un équipement minimum: des vêtements pour vous couvrir (au moins un second tee-shirt, une polaire, une veste et un pantalon), lunettes de soleil, couvre-chef et crème solaire, une nourriture adaptée à l'effort et au moins 1 litre d'eau par personne. Le tout rangé dans un sac à dos confortable et bien équilibré. Les chaussures idéales sont à la fois souples et maintiennent bien la cheville.

Consultez les bulletins locaux de prévisions météo pour la France au 08 99 71 02 + n° du département, et les sites www.meteofrance.com, www.meteoblue.com et www.tameteo.com.

Emmenez toujours une carte avec vous, même si vous n'êtes pas un expert en lecture de carte: c'est le meilleur moyen d'apprendre à vous repérer progressivement. En l'occurrence, munissez-vous des cartes dont nous vous donnons les références dans ce guide.
Aujourd'hui, on trouve un téléphone portable dans la majorité des sacs à dos car il est devenu un nouvel élément de sécurité. Sachez toutefois que les aires de fonctionnement sont parfois limitées et, avant d'appeler un numéro de secours (112), jugez s'il est vraiment indispensable de déplacer les personnels héliportés si vous disposez d'un autre moyen d'action. On n'appelle pas un hélicoptère pour une luxation du poignet, surtout si vous êtes à 5 minutes de marche de votre véhicule. Un accidenté plus grave pourrait subir le retard d'une telle intervention.

Redescendez toujours vos déchets dans un sac-poubelle que vous aurez prévu à cet effet et sachez qu'un détritus caché sous un caillou pollue autant que s'il n'est pas à l'abri du regard.
La montagne pyrénéenne vit et vous devez la respecter et la partager. Il est donc conseillé de rester sur les sentiers et les chemins afin de préserver le sol d'une érosion importante dans les pentes raides. La flore et la faune sont fragiles et à préserver, ne cueillez pas de fleurs, ne dérangez pas les animaux.
Si vous décidez de dormir en refuge, pensez à réserver par téléphone afin que le gardien s'organise.

Enfin, la vigilance et la modestie vis-à-vis des terrains rencontrés et des conditions atmosphériques sont les meilleures qualités du randonneur.
Il évite ainsi les accidents, il sait renoncer et conserve toutes ses capacités pour revenir quelques jours plus tard, dans de meilleures conditions.

L'auteur et l'éditeur vous suggèrent des itinéraires. En aucun cas, ils ne peuvent être tenus pour responsables d'éventuels accidents ou de modifications des conditions de réalisation des randonnées décrites dans cet ouvrage.

L'estany Llosa non loin du refuge d'Amitges.

01

ÉTANG D'ESPINGO

La cascade d'Oô est impressionnante, avec ses 275 mètres de hauteur dont 100 m plongent d'un seul jet dans le lac. Elle attire et captive l'attention un long moment quand on arrive sur les berges. On pourrait en rester là mais il faut toujours aller voir plus haut et gravir les 460 mètres de dénivelé de plus pour s'émerveiller d'un autre spectacle qui se joue au col d'Espingo. De ce passage, se découvre un cirque grandiose dominé par une belle collection de sommets dont certains font plus de 3000 mètres. Au milieu de cette scène magique, les étangs d'Espingo et de Saussat apportent la touche finale à ce tableau inoubliable. Le refuge tout proche est une solution pour profiter le plus longtemps possible de cet environnement.

Cascade et lac d'Oô.

Refuge et lac d'Oô.

ÉTANG D'ESPINGO

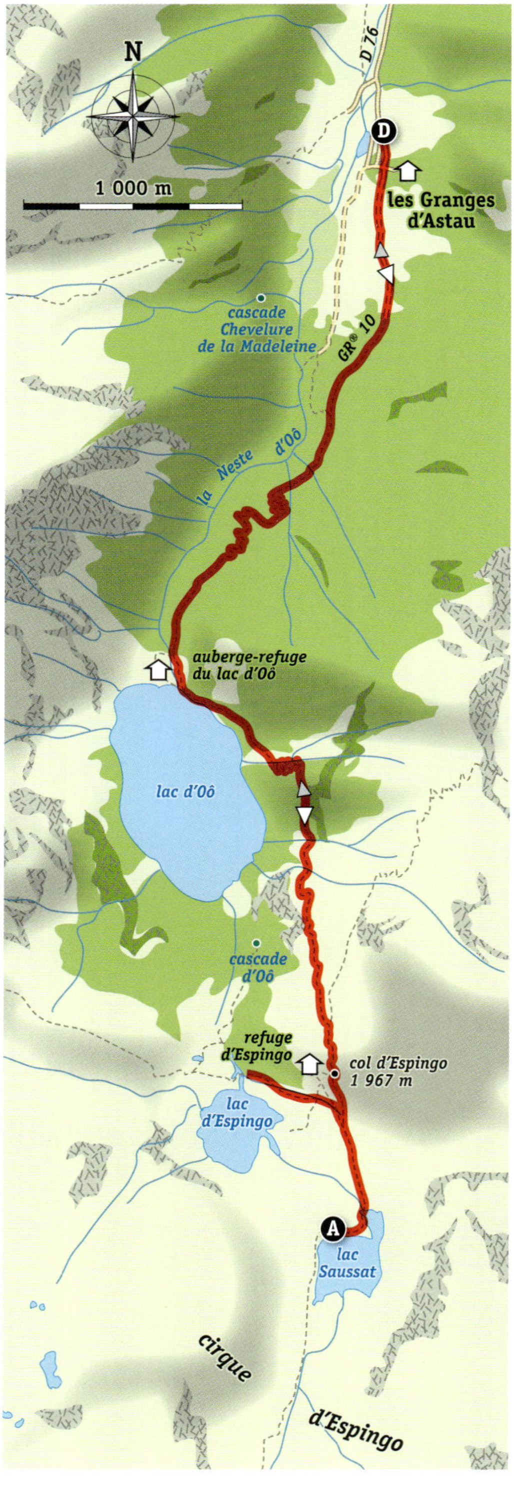

- **Accès:** atteindre Bagnères-de-Luchon et prendre la direction du col de Peyresourde sur la D 618. Dépasser Saint-Aventin et Castillon-de-Larboust puis prendre à gauche la direction d'Oô sur la nouvelle route. Dépasser le village pour continuer jusqu'au bout de la petite route au Granges d'Astau. Un grand parking vous y attend à 1139 m.
- **Horaire:** 2h40 aller
- **Dénivelé:** 900 m
- **Difficulté:** aucune
- **Cartes:** IGN TOP 25 1848 OT Bagnères-de-Luchon
Rando Éditions 1/50000ᵉ N° 5 Luchon

Itinéraire

0h00 Entamez la marche sur le chemin flanqué d'un passage canadien sur le haut du parking. Au départ, ce chemin déroule tranquillement son itinéraire au milieu puis à gauche de la vallée, avant d'attaquer le relief par de larges lacets en sous-bois. Il passe par un point haut avant de descendre un peu vers le lac. Un peu avant le barrage, laissez à droite l'accès au refuge d'Oô.

1h00 Lac d'Oô, immense étendue d'eau (42 ha) à 1504 m d'altitude et à l'opposé l'impressionnante cascade de 275 m (dont 100 m en chute libre). Poursuivez votre ascension sur la gauche : un large sentier s'élève au-dessus du lac en sous-bois d'abord. Au-dessus, la vue sur le lac est sensationnelle. Traversées et lacets plus ou moins raides ont raison du dénivelé. Sur le haut, dans un couloir rocheux où le chemin est pavé, laissez le GR10 partir à gauche.

2h30 Col d'Espingo à 1967 m. Vue intéressante sur les lacs et le cirque dominé par plusieurs 3000. À droite, le refuge d'Espingo et en dessous le lac du même nom (7, 6 ha). À gauche l'étang du Saussat (6,1 ha) dominé par l'impressionnante pyramide du Quayrat (3060 m). Profitez au mieux de ce cirque grandiose avant de redescendre par le même chemin.

BAGNÈRES-DE-LUCHON : REINE DES PYRÉNÉES

La ville de Luchon connue depuis les Romains pour son eau bienfaisante entre dans le thermalisme « moderne » en 1763 quand le maréchal de Richelieu, petit neveu du cardinal, y séjourne. Mais c'est la venue du fils de Napoléon III qui installe la réputation de Luchon. Le succès des thermes auprès des têtes couronnées, des politiques et des artistes donne à la ville le titre de « Reine des Pyrénées ». Actuellement ce sont près de 30 000 curistes par an qui s'ajoutent aux nombreux touristes. À la fin août se déroule la célèbre fête des Fleurs qui présente un défilé de chars décorés et fleuris par les différentes communautés de la vallée.

Lac d'Espingo.

02

LAC VERT

Une chance que le plus beau des lacs de la vallée du Lis soit aussi le plus accessible. Il ne faut pas oublier le dénivelé et la raideur de la pente dans sa première partie forestière même si le tracé progressif des nombreux lacets est une aide efficace. Vous serez accompagné d'un fond sonore émis par les nombreuses cascades du ruisseau de la Houradade qui semble pressé de rejoindre la vallée du Lis.

À partir du carrefour sous la cabane de la Coume, ce circuit peut se faire dans les deux sens mais choisir l'itinéraire ci-après permet d'abord de dominer le lac afin d'apprécier davantage sa composition artistique. La couleur, la forme et l'ambiance qui s'en dégage sont autant d'atouts qui font le succès de cette randonnée. Il est unique avec sa presqu'île en forme d'oiseau en vol, mais vous pouvez y voir bien d'autres formes: l'imagination est au rendez-vous et boosté par l'altitude. C'est bien connu, les montagnards deviennent souvent des poètes inspirés par la richesse des images et imprégnés par une ambiance si particulière devant tant de beauté.

Vous pouvez combiner la visite des autres lacs de l'étage supérieur comme l'étang Bleu (encore un), les lacs Charles et Célinda, mais vous allongez considérablement le parcours qui devient aussi nettement plus difficile.

Le lac Vert porte bien son nom.

02

LAC VERT

- **Accès:** depuis Luchon, prenez la D 125 vers Superbagnères. Ignorez la route de l'Hospice de France en poursuivant sur la D 46. Ne montez pas vers Superbagnères; aller au fond de la vallée du Lis où vous attend son parking. Garez-vous à l'entrée.
- **Horaire:** 5h00
- **Dénivelé:** 900 m
- **Difficulté:** aucune
- **Cartes:**
IGN TOP 25 1848 OT Bagnères-de-Luchon
Rando Éditions 1/50000e N° 5 Luchon

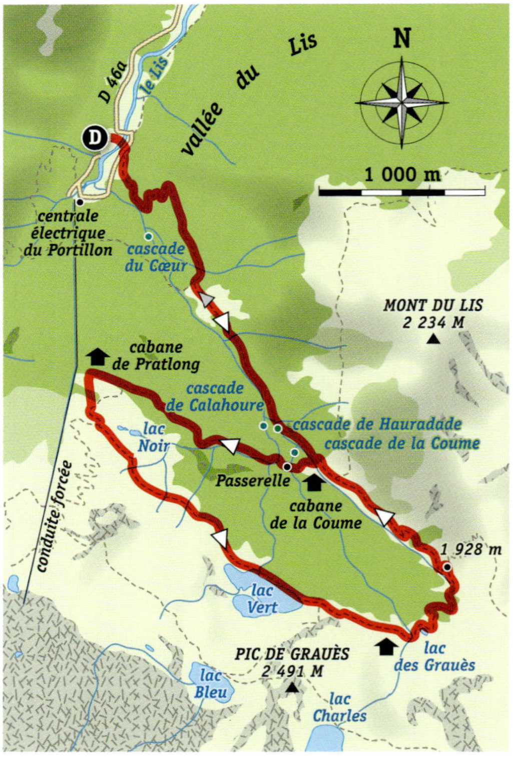

Itinéraire

0h00 À l'entrée du parking, à droite franchissez le pont sur le torrent du Lis (1135 m). Assez vite suivez le chemin à gauche marqué par un panneau directionnel. Cet itinéraire monte longuement et en lacet dans la forêt de hêtres avec la compagnie du torrent en cascade.

0h50 Carrefour en lisière de forêt (1395 m), ignorez à droite l'accès au gouffre d'Enfer pour monter tout droit.

1h40 Carrefour de sentiers à 1680 m (A) où de chaque côté on peut aller au lac Vert (panneau). Choisissez d'aller à droite où le sentier entame une belle traversée. Vous franchirez une passerelle métallique sur le ruisseau de la Coume. De jolis passages sous les bouleaux et quelques ressauts un peu raides.
Après une petite crête rocheuse et un plat (cabane de Pratlong bien à droite) la pente se redresse. Le sentier traverse une petite cascade.

2h30 Carrefour d'itinéraires à 1930 m: ignorez à droite la direction du refuge pour continuer à gauche (N° 40). Les petits lacs Noir en dessous. Il s'ensuit une grande traversée vers l'est où le sentier évolue dans des pentes raides mixtes d'herbe et de roche (un passage équipé d'un câble).
Après un petit col, vous apercevez le lac. Descendez un peu.

3h00 Lac Vert à 2001 m. Un lieu magnifique qui apaise et qui porte bien son nom car le vert domine. Au centre, une cascade vient de l'étang Bleu 265 m plus haut.

Pour le retour, nous vous proposons la boucle suivante. Longer le lac afin de le dépasser et d'atteindre un petit col. Le sentier file en descente et montée près du cirque de Grauès que vous découvrez sur votre droite.

3h30 À 2010 m, dépassez une grosse source puis vers le nord vous passez à gauche du petit lac des Grauès. Ensuite, vous plongez en lacet dans le vallon de la Coume. Vous y laisserez à droite la direction du col de Pinata.

4h15 Proximité de la cabane de la Coume à 1700 m. Une source se trouve sous le sentier. Assez vite, vous retrouvez le croisement de la montée (A) à 1680 m où vous poursuivez en descente à droite.

5h00 Parking de la vallée du Lis.

03

LES BOUMS DE VÉNASQUE

Quel fameux point de départ, l'Hospice de France remis à neuf accueille de nouveau les visiteurs et les randonneurs comme autrefois les voyageurs, les pèlerins vers Compostelle, les réfugiés et certains colporteurs qui échangeaient avec l'Espagne par le port de Vénasque à 2444 m. Très tôt, des traités de «lies et passeries» planifièrent les conditions de passage et l'utilisation des pâturages. Ce col fut d'ailleurs aménagé pour permettre le passage des chevaux de bât. Ils arpentaient, bien chargés, cette vallée escarpée et les 1000 m de dénivelé, par un beau chemin muletier aux nombreux lacets. Ils devaient certainement faire une bonne pause près des Boums de Vénasque: quatre lacs de différentes tailles qui sont le but essentiel de cette randonnée, mais rien ne vous empêche de pousser comme eux jusqu'au port de Vénasque sur la frontière franco-espagnole pour admirer le toit des Pyrénées: l'Aneto et ses 3404 m. Le contraste est éloquent, la vallée étroite de la Pique fait place à un panorama grandiose: assurément un des plus beaux des Pyrénées.

Les lacets vers le port de Vénasque au-dessus de l'Hospice de France.

03

LES BOUMS DE VÉNASQUE

- **Accès:** depuis Luchon, prendre la direction de Superbagnères par la D 125. Après Ravi, aller à gauche vers l'Hospice de France sur la D 125. Se garer sur l'immense parking de l'Hospice à 1385 m.
- **Horaire:** 2h20
- **Dénivelé:** 855 m
- **Difficulté:** aucune
- **Cartes:**
  IGN TOP 25 1848 OT Bagnères-de-Luchon
  Rando Éditions 1/50000e N° 5 Luchon

Itinéraire

0h00 Près de l'entrée du parking après le pont suivez à gauche le sentier qui mène à la piste. Continuez à droite et montez dans le vallon tout droit. Ignorez l'accès à la cabane du Pesson à gauche. Traversez la passerelle et suivez le balisage N° 23 en laissant le chemin de l'Impératrice à droite. Le sentier monte assez régulièrement (ancien chemin muletier et minier) dans ces pentes assez raides.

L'HOSPICE DE FRANCE

L'Hospice de France était déjà en service au XVIe siècle et remplace définitivement celui de Joueou au XVIIe siècle. Plus tard on y installe étables et écuries. Des liens commerciaux avec le val d'Aran et l'Aragon « consacrent » l'Hospice de France où les files de muletiers allaient et venaient de part et d'autre du port de Vénasque. Avec le XIXe siècle et l'avènement du thermalisme, le tourisme propulse l'Hospice de France comme un lieu de « pèlerinage ». On y installe une « fruitière » qui fournit en lait et en beurre les grands hôtels de Luchon. Puis, les routes dévient les passages frontaliers et l'Hospice de France, rendu inutile, est abandonné. Sa réouverture en juillet 2009 suite à la réhabilitation de ses bâtiments en Hôtellerie l'a sauvé de la ruine.

L'ensemble des Boums de Vénasque.

1h00 Franchir le ruisseau à gué et poursuivez votre progression sur l'autre versant toujours avec de beaux lacets.

1h30 Franchissez un autre gué (dallage). Bien au-dessus, passez la ruine de la cabane de l'Homme.

2h20 Refuge de Venasque à 2 239 m (20 places : réservation au 05 61 79 26 46) à proximité des quatre lacs de Boums. Le plus grand (9,6 ha) est aussi le plus haut (2 248 m) mais à peu de distance.

Suggestions :

- Il faut compter 30 minutes pour atteindre le port de Vénasque à 2 444 m. Retour en boucle possible (assez long : 3h00 depuis le port de Vénasque) par le port de l'Escalette et le pas de la Mounjoye.
- Aller voir l'étang de la Montagnette depuis le col de la Montagnette.

04

ÉTANGS ROND ET LONG

Le charme de la vallée du Riberot, avec ses cascades (surtout celle de Nérech) et son relief tourmenté, constitue déjà une belle entrée en matière. Elle est longue et pour éviter une journée harassante (cela dépend des capacités de chacun) pourquoi ne pas passer la nuit au refuge des Estagnous à 2246 m, au pied du mont Valier (seigneur du Couserans avec ses 2838 m d'altitude). Cet accueil chaleureux est le meilleur moyen de passer plus de temps auprès de ces deux étangs que leurs noms décrivent à merveille même s'ils sont ridiculement simples: Rond et Long. Le premier s'épanouit à l'aise dans une vaste anse alors que le second s'étire entre deux parois végétalisées des contreforts du Tuc des Hèches et des parois abruptes du pic de Sernaille. Une franche montée les sépare alors qu'un beau torrent en cascade les relie à jamais.

Étang Long.

Les sommets dominants l'étang Long.

Lac Long, neige tardive en début d'été.

Au-dessus de l'étang Rond.

ÉTANGS **ROND ET LONG**

- **Accès:** gagnez Castillon-en-Couserans par la D 618 puis la D 4. Poursuivez au-delà en dépassant Les Bordes-sur-Lez. Deux kilomètres après, virez à gauche dans la vallée du Ribérot en direction d'Ayer et de la Maison du Valier. Se garer au parking du pla de la Lau.
- **Horaire:**
  3h20 pour le Rond
  1h00 de plus pour le Long
- **Dénivelé:**
  1000 m pour le Rond
  1200 pour le long
  1350 m pour le refuge
- **Difficulté:** longueur du parcours à la journée et passages raides au-dessus de l'étang Rond
- **Cartes:**
  IGN TOP 25 2048 OT Aulus-les-Bains - Mont Valier
  Rando Éditions 1/50 000ᵉ N° 6 Couserans - Val d'Aran

Itinéraire

0h00 Au fond du parking, empruntez la piste vers le sud-est en laissant un peu plus loin l'auberge du Valier en contrebas à gauche. Continuez sur le chemin avec le balisage jaune. Laissez plus loin le sentier à droite qui va au Barlonguère.

0h20 Traversez le Ribérot sur deux passerelles et s'enfoncez par le sentier dans une forêt de hêtres. À sa sortie et sur un replat, remarquez à gauche la cabane sous roche de Nérech. Traversez à nouveau sur une passerelle à 1151 m et montez rive gauche.

1h40 Franchissez la passerelle sous la magnifique cascade de Nérech pour gravir en face les lacets dans un passage rocheux. La suite est classique au milieu des rhododendrons et pelouses. Un rocher en forme de menhir a « poussé » près du sentier.

2h50 Petit arrêt à la cabane des Caussis 1859 m (abri pour randonneurs). Suit une bifurcation avec panneaux: prenez à droite vers l'étang Rond avec un balisage jaune.
Franchissez un passage rocheux aménagé d'un câble puis traversez un ruisseau.

3h20 Étang Rond à 1940 m d'altitude et d'une superficie de plus de 7 hectares. Vous le contournez par la gauche. Vous y laisserez l'accès au refuge des Estagnous à gauche pour continuer tout droit avec les balises du GRT. Après le lac, le sentier grimpe à travers un éboulis puis se raidit sérieusement en lacet (passages un peu aériens).

4h20 Étang Long (2125 m) allongé entre les murailles du Tuc des Hèches à droite et du pic de Sernaille. Magnifique lac de 8 hectares. Prenez un peu de hauteur sur la gauche pour mieux l'admirer.

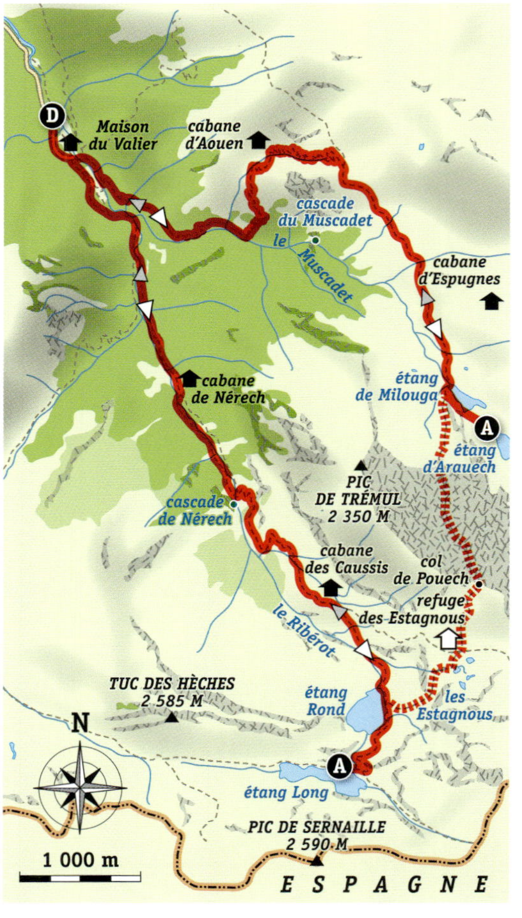

Laquet au pied du Valier.

05

MILOUGA ET ARAUECH

Milouga et Arauech, ce sont deux étangs qu'll faut aller chercher là-haut au pied du mont Valier. La marche d'approche est longue dans cette vallée profonde du Couserans, mais elle apporte à tous les randonneurs un beau trajet agrémenté de belles découvertes paysagères. Au départ l'effort est soutenu pour s'élever dans la forêt, sur les pentes du pic de Montgarié, au-dessus de la vallée encaissée du Ribérot. Cet effort est récompensé ensuite par une belle traversée en balcon sur les hauteurs du Cap des Lauses en passant par la cabane discrète de Taus. Le cheminement n'apporte que de très bonnes sensations et gagne ainsi les lacs de Milouga et d'Arauech. Leurs eaux cristallines vous attendent dans un cadre sauvage bien loin des foules, et les amateurs de pêche à la truite les apprécient pour cette tranquillité. Ce parcours peut être associé avec celui des étangs Rond et Long en utilisant le refuge des Estagnous pour passer la nuit, pour cela il faut franchir le col de Pécouch sur la crête du Cap de Pouech qui sépare les deux vallées. Quel bonheur de profiter et de prolonger ces moments de montagne.

Vers les lacs de Milouga au pied du Valier.

05

MILOUGA ET ARAUECH

- **Accès:** gagnez Castillon-en-Couserans par la D 618 puis la D 4. Poursuivez au-delà en dépassant Les Bordes-sur-Lez. Deux kilomètres après, virez à gauche dans la vallée du Ribérot en direction d'Ayer et de la Maison du Valier. Se garer au parking du pla de la Lau.
- **Horaire:** 3h10 pour Milouga + 30 minutes pour Arauech
- **Dénivelé:** 1050 m
- **Difficulté:** passages raides
- **Cartes:**
IGN TOP 25 2048 OT Aulus-les-Bains - Mont Valier
Rando Éditions 1/50 000e N° 6 Couserans - Val d'Aran

Itinéraire (carte p. 22)

0h00 À la sortie du parking (930 m) et juste après le ruisseau, suivez le GR 10 à gauche. Ce dernier passe sous la Maison du Valier puis traverse le Ribérot sur une passerelle en direction du Muscadet. Gardez cette direction au carrefour suivant où il faut monter à gauche dans la forêt, en traversée jusqu'au ruisseau. Ensuite, le sentier se déroule en lacet à proximité du torrent.

0h50 Au pied de la cascade, traversez le ruisseau. Plus haut, les lacets s'éloignent du ruisseau et le bruit de l'eau s'estompe.
Au-dessus de la forêt et des noisetiers, le sentier se déploie dans la pelouse. La vue est grandiose.

1h45 Ru près de la cabane d'Aouen. Le GR 10 poursuit vers l'est toujours en lacet dans une pente assez raide.

2h20 Carrefour au Cap des Lauses à 1892 m (poteau indicateur): quittez le GR10 pour partir à droite en

Sentier en balcon...

... pour rejoindre le lac de Milouga.

La quiétude de l'étang de Milouga.

légère montée avec le balisage jaune. Après la crête, Le mont Valier apparaît avec à ses pieds la vallée des étangs de Milouga.

2h30 Cabane de Taus (ouverte aux randonneurs), l'itinéraire continue à plat vers le sud-est.
Au croisement laissez à gauche la direction des Espugues pour aller en face vers Milouga. Montées et descentes rythment le trajet. Vous passerez une source.
Un dernier croisement : à droite se trouve la direction du refuge des Estagnous et à gauche le premier étang tout proche.

3h10 Étang de Milouga (1959 m) : pour atteindre celui d'Arauech il vaut mieux passer à droite en bordure du lac. Par la gauche, c'est bien plus compliqué.

3h40 Étang d'Arauech (1971 m).

Suggestions : l'ascension de ces deux lacs peut se coupler avec la découverte des étangs Rond et Long (voir n° 4) en deux jours en rejoignant le refuge des Estagnous par le col de Pécouch.
Et l'occasion de gravir le Valier au passage.

Le torrent entre les deux lacs.

06

ÉTANG D'AYES ET D'EYCHELLE

Sur les hauteurs de la vallée de Bethmale, le vert est omniprésent, d'abord avec une forêt profonde qui s'accroche dans les fortes pentes et laisse ensuite la place à une belle pelouse au-dessus de 1600 m. C'est là que se cachent deux petits étangs dans les replis du relief et dans deux vallées distinctes. D'un accès assez facile, cette découverte se fait en partie en boucle. À l'étang d'Ayes, l'eau claire peu profonde se teinte de vert ou de bleu selon si elle reflète les contreforts herbeux ou le ciel étincelant d'un bel été radieux. Le lac d'Eychelle plus à l'étroit se niche au cœur de la vallée en attente de visiteurs épris de tranquillité et de charme simple. Dans les deux cas, rien ne vous oblige à rester au bord de l'eau, il est toujours intéressant de voir les étangs de plus haut pour s'émerveiller de leurs formes et de leurs couleurs.

Cabane d'Eliet au-dessus de la vallée de Bethmale.

- **Accès:** de Saint-Girons, prenez la D 618 puis la D 4 pour atteindre et dépasser Castillon-sur-Couserans. À l'entrée des Bordes-sur-Lez, suivez à gauche la vallée de Bethmale (D 17). Dépassez tous les villages en direction du col de la Core. Dans la montée, gagnez ensuite le lac de Bethmale, puis continuez sur la piste forestière. Après plusieurs kilomètres, vous atteignez le nouveau parking d'Eychelle placé à gauche de la piste (panneau).
- **Horaire:**
  1h20 pour Ayes
  2h30 pour Eychelle
  1h10 pour le retour au parking depuis Eychelle
- **Dénivelé:**
  300 m pour Ayes
  500 m pour Eychelle
  Difficulté: aucune
- **Cartes:**
  IGN TOP 25 2048 OT Aulus-les-Bains - Mont Valier
  Rando Éditions 1/50 000e N° 6 Couserans - Val d'Aran

Lac d'Eychelle.

Itinéraire

0h00 Reprenez à pied et en montant la piste forestière. Après 500 m, continuez après la barrière qui interdit le passage à tous véhicules. En 25 minutes environ de plat vous atteignez…

0h35 le cirque de Campuls et la cabane de berger. Une trace non balisée remonte dans la pelouse (quelques cairns). Admirez la cascade à droite, avant de poursuivre en lacet à travers quelques sapins.

1h00 Vous rejoignez un premier sentier (panneau de l'ONF) que vous suivez à droite. Au-dessus vous empruntez le GR 10 (1) à droite. Remarquez une ruine un peu avant le déversoir du lac.

1h20 Étang d'Ayes (1694 m) d'une superficie de 1,7 ha niché dans un cirque couronné de sommets de plus de 2000 m comme le Crabère (2095 m), le sommet de Peyre Blanque (2176 m) et le Tuc de la Seube (2105 m). Ces deux derniers forment une crête assez haute qui sépare le vallon d'Ayes de celui d'Eychelle. Après avoir fait le tour du lac d'Ayes, nous vous proposons d'aller à la découverte du second. Pour cela il faut revenir en arrière en restant sur le GR 10. Après avoir dépassé tout droit le sentier de la montée (1) continuez à flanc. Le sentier franchit une crête secondaire et file sur une croupe douce.

1h50 Le col de l'Auèdole, à 1725 m, est au carrefour de plusieurs itinéraires (poteau directionnel). Partez à droite et, rapidement à la bifurcation, il faut choisir de monter à droite en laissant le GR10 descendre à droite : remarquez à gauche plus bas la cabane d'Eliet (un peu de patience vous y passerez au retour). Le sentier facile s'insinue dans le relief et après une crête se glisse dans le vallon d'Eychelle en se dirigeant vers le sud. Plus bas, ignorez un sentier à gauche vient du col de la Core.
Un petit ruisseau et un rétrécissement annoncent…

2h30… l'étang d'Eychelle (1894 m). Trois fois petit que celui d'Ayès, avec ses 0,6 ha il n'en est pas moins intéressant. On peut en faire le tour même si une

ÉTANG D'AYES ET D'EYCHELLE

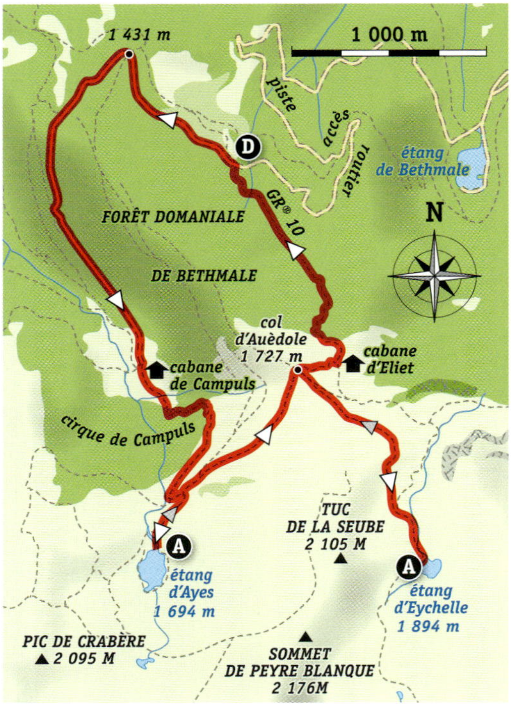

LE GRAND TÉTRAS

Le grand tétras ou coq de bruyère (*Tetrao pyrogallols*) est un oiseau mythique des Pyrénées. Il reste très discret au cœur de la forêt de hêtres et présente des particularités uniques. Lors de la parade amoureuse, la queue déployée comme le dindon, il émet un chant où durant les dernières notes il devient sourd et aveugle pendant trois secondes. Laps de temps d'extrême danger où il peut être attaqué par ses prédateurs. Tout aussi étonnant est son alimentation à base d'aiguilles de pins et sapins durant la période hivernale grâce à une excroissance (caecum) de 80 cm sur l'intestin. Le poids en moyenne est de 3,5 kg pour le mâle et la moitié pour la femelle. Cette dernière appelée poule pond à même le sol 6 œufs en moyenne. Seulement 20 % atteindront l'âge adulte, mais ce nombre est bien suffisant pour maintenir sa population à condition qu'il ne soit pas trop dérangé (chasse, tourisme et travaux forestiers). (Source: Menoni).

falaise sombre en ferme le versant sud. Une belle envie de farniente se fait sentir à la vue de la pelouse douce qui entoure une partie du lac.

Pour le retour, revenez au...

3h10... col de l'Auèdole. Pour continuer la découverte vous allez descendre par la variante du GR10 en direction du lac de Bethmale. Pour cela, gagnez la cabane d'Eliet (ouverte avec table et un bas-flanc) en contrebas du col. Vers le nord, franchissez la clôture (chicane) pour descendre en lacet dans la forêt de sapins.

Dans un deuxième temps c'est un ancien chemin forestier qui vous accompagne: un peu de plat et un peu de montée mais avec un final en descente assez raide qui annonce la piste routière. Un peu avant de l'atteindre, allez à gauche pour rejoindre...

3h40... le parking d'Eychelle.

Étang d'Ayes.

Sur le parcours d'Ayes.

07

CIRQUE DE CAGATEILLE – ÉTANGS DE LA HILETTE ET D'ALET

La vallée d'Ustou s'est enrichie de la présence de bouquetins, ces lâchers commencés en 2013 portent l'espoir d'un repeuplement de ces animaux dans le massif pyrénéen. Comme eux, mais sans prendre les chemins de traverse vous irez admirer le cirque classé de Cagateille, très facile d'accès, avant de prendre votre courage à deux mains pour franchir les parois du cirque et vous émerveiller aux bords de l'étang de la Hilette à 1797 m d'altitude. Comme un nid d'aigle, il se niche sur le flanc nord des pics de Couillac et de Soune. La forte présence de la roche et les contours torturés du lac avec sa presqu'île importante créent une ambiance très particulière qu'il est bon de ressentir. Cette randonnée, possible en boucle autour du cirque, présente l'avantage d'approcher aussi l'étang d'Alet sur les flancs du pic de la Fourne.

Bouquetin ibérique.

Étang d'Alet.

Cabane de berger à Hilette.

07

CIRQUE DE CAGATEILLE - ÉTANGS DE LA HILETTE ET D'ALET

- **Accès:** par la D 618 et la D 3 gagnez d'abord Seix puis continuez en direction de Guzet-Neige. Au Pont de la Taule, allez à gauche sur la D 8. Après Trein-d'Ustou, virez à droite et remontez la D 38 en direction du cirque de Cagateille en passant par les différents hameaux de la vallée d'Ustou. Dépassez Stillon et Bourdax pour parvenir au parking en étage à la fin de la route.
- **Horaire:**
  2h30 pour la montée à la Hilette
  6h50 pour la boucle
- **Dénivelé:**
  800 m pour la Hilette
  1100 m pour la boucle
- **Difficulté:** passages assez raides; ne pas faire sans visibilité.
- **Cartes:**
  IGN TOP 25 2048 OT Aulus-les-Bains - Mont Valier
  Rando Éditions 1/50000e N° 6 Couserans - Val d'Aran

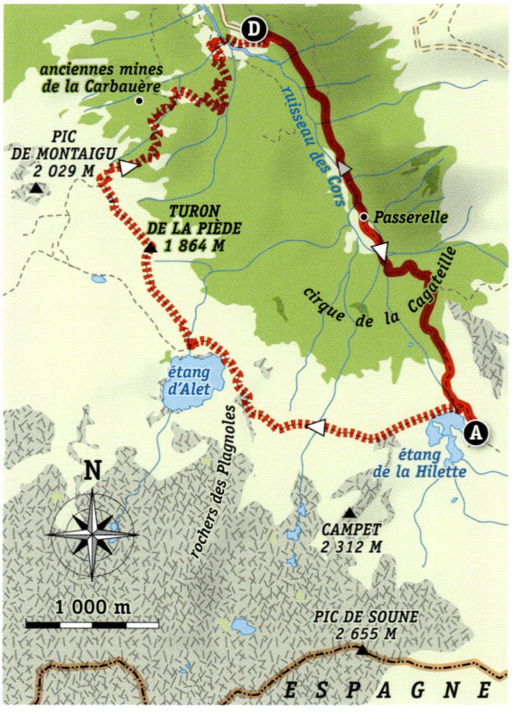

Itinéraire

0h00 Parking et cabanon (1010 m). Le sentier démarre à gauche de ce dernier (nord) et s'oriente très vite au sud-est pour filer tranquillement dans une forêt de hêtres. Une passerelle à 1157 m; une autre sur le ruisseau des Cors...

0h40 Vous êtes au pied du cirque de Cagateille (1250 m). Le sentier part vers l'est (panneau: Port de Couillac - Étang de la Hillette). Il décrit de nombreux lacets assez raides dans la forêt.
Des marches métalliques et des câbles permettent de franchir un passage rocheux.

1h20 Bifurcation: laissez à gauche la direction de l'étang de La Piède. Plus loin, le terrain s'aplanit, puis se redresse hors de la forêt. Autre bifurcation avec panneau à «1h de l'étang»: montez à gauche. Vous passez sur des dalles assez lisses.
Peu avant l'étang, laissez à gauche la direction du port de Couillac, des câbles à droite facilitent le passage de roches dominant le ravin. Un pas délicat fait atteindre le ruisseau.
2h30 Étang de la Hillette (1797 m). Pour aller au petit refuge (8 couchages), ne pas traversez le déversoir et longez la rive est: comptez une dizaine de minutes.

RETOUR DU BOUQUETIN DANS LA PYRÉNÉES

Après la disparition du dernier bouquetin pyrénéen (une femelle) en 2000, un projet de réintroduction a abouti au printemps 2013 avec un premier lâcher sur deux secteurs des Pyrénées. Un dans les Hautes-Pyrénées dans le massif au-dessus de Cauteret et l'autre dans la vallée d'Ustou en Ariège dans le cirque de Cagateille. D'autres lâchers doivent se succéder sur plusieurs années pour aboutir à un transfert de près de 200 animaux sur les deux sites. La souche pyrénéenne (*Ibex pyrenayca*) ayant disparu avec la dernière femelle dans la région d'Ordesa, c'est le bouquetin espagnol (*Ibex iberica*) présent sur plusieurs massifs dans ce pays qui a été choisi pour repeupler les Pyrénées. Les deux étant très proches génétiquement. En 2017, le programme n'est pas achevé et d'autres lâchers ont eu lieu. Mais on peut dire que cette réintroduction est déjà un succès puisque les premières naissances ont été constatées dès la deuxième année (2014). Souhaitons que ce projet réussisse au mieux pour que l'observation de ces magnifiques animaux soit un plaisir partagé par de nombreux randonneurs.

Refuge et lac de la Hilette.

Pour faire la boucle par l'étang d'Alet :

Franchissez le déversoir. Montez vers l'ouest au-dessus de la rive nord de l'étang. Un éboulis fait suite à l'extrémité de la falaise de Campet. Les balises jaunes et les cairns permettent de traverser cette remarquable zone rocheuse (dalles polies). S'orientant nord-ouest, le sentier s'en va dépasser les Rochers des Plagnoles dont vous dépassez la…

4 h 00… crête à 2 010 m. Vous dominez alors l'étang d'Alet (1910 m) ; la descente vous y conduit. Vous vous maintenez un peu au-dessus de l'eau (point coté 1924 m).

Franchissez le ruisseau sous la cascade en provenance du déversoir. Laissez alors un itinéraire balisé en rouge à gauche et continuez vers le nord-ouest où le sentier monte un peu.

4 h 50 Dépassez un collet à l'ouest du Turon de la Piède (1864 m, cairn). Continuez vers le nord-ouest pour atteindre une mare ronde herbeuse. Filez à droite, contournant ainsi une pointe cotée 1798 m. Le sentier s'oriente – rudement – vers l'est d'abord (falaises grisées à droite). Traversez une zone boisée et allez sur la gauche dans la clairière avant de poursuivre à droite des déblais des mines de la Carbauère.

Filant résolument vers l'est au point 1287, le sentier descend longuement en lacet dans la forêt avant d'atteindre une piste. Par le pont, elle franchit le ruisseau des Cors (974 m). Vous êtes alors très près du…

6 h 50… parking.

08

ÉTANGS DE LA PIÈDE, DE L'ASTOUE ET DE RÉGLISSE

L'aménagement de la station de ski de Guzet et l'accès, par un large chemin, au Plat de Gérac à 1815 m d'altitude, raccourcissent considérablement les marches d'approche des randos de ce secteur et en particulier l'accès aux étangs de la Piède, de l'Astoue et de Réglisse. Cet avantage permet de profiter plus amplement des paysages de montagne où baignent ces trois étangs. Celui de Réglisse est à la fois le plus grand (3 ha), le plus haut des trois et le plus pittoresque placé au pied des falaises sombres du pic de Turguilla 2527 m. La petite cabane de Turguilla, accueillante et chaleureuse vous attend à quelques encablures de ce dernier lac. Elle est à la fois un abri et un repaire. Pour compléter la journée de randonnée Il est possible de faire une boucle par l'étang d'Aubé via le pic de Séron mais cela ne concerne que les randonneurs expérimentés.

Étang de Réglisse au coucher du soleil.

08

ÉTANGS DE LA PIÈDE, DE L'ASTOUE ET DE RÉGLISSE

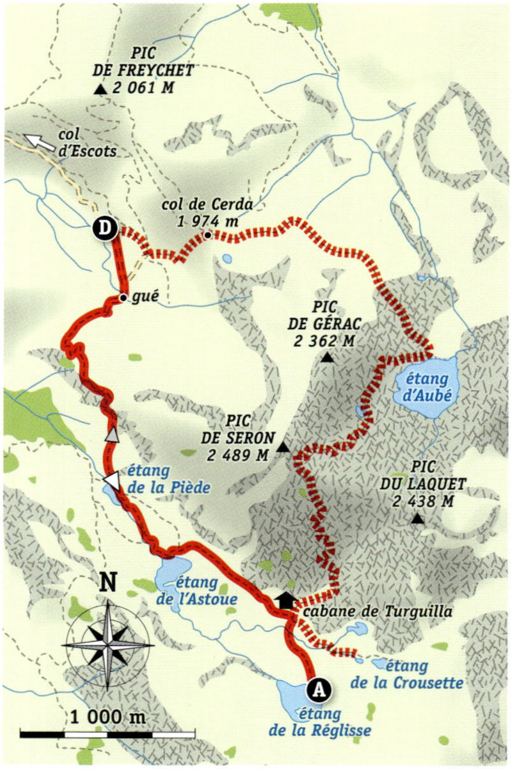

- **Accès:** accédez à la station de Guzet-Neige par la D 8 et la D 68 depuis Aulus-les-Bains ou depuis Seix par la D 3, la D 8 et enfin la D 68. À droite des chalets suivez une piste sur 5,5 km en passant par le col d'Escots pour atteindre le plat de Gérac (1815 m) dominé par le pic de Séron. Garez-vous sur cette grande esplanade.
- **Horaire:**
  1h40 de montée pour Réglisse
  1h00 de descente
- **Dénivelé:** 370 m pour Réglisse
- **Difficulté:** deux passages raides équipés de cable
- **Cartes:**
  IGN TOP 25 2048 OT Aulus-les-Bains - Mont Valier
  Rando Éditions 1/50 000e N° 6 Couserans - Val d'Aran

Itinéraire

0h00 Suivez le balisage jaune qui suit la fin de piste vers le sud. Vous y laisserez trois autres chemins à droite.
À la fin du chemin, traversez les roches pour descendre la falaise (tuyau noir): deux passages sont équipés. Puis en traversée vous rejoignez le ruisseau de Turguilla.

0h40 Étang de la Piède (1906 m), ne traversez pas le déversoir pour monter à gauche et atteindre une sorte de crête que vous suivez ensuite dans l'axe du vallon de Turguilla.

1h00 Étang de l'Astoue (1964 m), l'itinéraire s'élève sur la gauche tout en dominant le lac.
Vous gagnez un grand replat près de la...

1h20... cabane de Turguilla à 2078 m (4 à 6 couchages et une cheminée). À droite, descendez un peu pour aller traverser le ruisseau afin de suivre une sente qui remonte dans un terrain mixte.

1h30 Étang de Réglisse (2098 m, 3 ha) au pied de la pointe de Rabassère (2583 m) et du pic de Turguilla (2527 m).

Suggestions: ascension des pics de la croix des Lauzes (2349 m), de Turguilla (2527 m) et de Séron (2489 m).

Étang de l'Astoue.

Étang de la Pìède.

09

ÉTANG D'AUBÉ

Voilà encore un itinéraire assez court et facile qui permet d'admirer un site de montagne authentique au fin fond de la station de Guzet-Neige. Dès le départ, le cirque de Gérac, à 1815 m, imprime son style avec des contrastes forts entre la roche et la pelouse, entre le plat du cirque et la raideur du pic de Séron. Cette ambiance donne le ton de ce parcours magnifique entre le minéral, le végétal et l'eau assez sombre de l'étang d'Aubé due en partie à sa profondeur. Cet étang est un exemple parfait de lac glaciaire où la roche polie par la force des glaciers durant des millénaires est présente partout autour de cette cuvette dominée outrageusement par la muraille sombre du pic de Mède. Ce sommet, édifié comme une sentinelle, renforcé par la présence massive du pic du Laquet (2438 m) et du pic de Séron (2489 m), forme un cirque de caractère d'une grande beauté austère et sauvage.

- **Accès :** accédez à la station de Guzet-Neige par la D 8 et la D 68 depuis Aulus-les-Bains ou depuis Seix par la D 3, la D 8 et enfin la D 68. À droite des chalets, suivez une piste sur 5,5 km en passant par le col d'Escots pour atteindre le plat de Gérac (1815 m) dominé par le pic de Séron. Garez-vous sur cette grande esplanade.
- **Horaire :**
  1h30 aller
  1h00 retour
- **Dénivelé :** 360 m (aller et retour)
- **Difficulté :** aucune
- **Cartes :**
  IGN TOP 25 2048 OT Aulus-les-Bains - Mont Valier
  Rando Éditions 1/50 000e N° 6 Couserans - Val d'Aran

Sur le parcours d'Aubé.

LES MONTREURS D'OURS

Montreur d'ours, un métier qui commença dans la vallée d'Ustou à la fin du XVIIIe siècle sur le modèle des Tziganes. Au milieu du XIXe siècle, ce sont des centaines d'habitants de la vallée du Garbet (Ercé et Oust), poussés par la misère, qui se lancent dans cette activité.

Au départ, les oursons sont prélevés à proximité, dans la montagne pyrénéenne, puis avec la pénurie ils sont importés des Balkans. Les « oussaillés » partaient sur les chemins de France ou d'Espagne pour exhiber leurs ours dressés à la dure (mise en place d'un anneau de fer dans la mâchoire). D'autres montreurs d'ours traversaient l'Atlantique pour aller travailler sur tout le continent américain. Cette activité cessa avec la guerre de 1914-1918.

Le lac d'Aubé dominé par le pic de la Mède.

Itinéraire

0h00 Au-dessus du parking à gauche continuez sur le chemin puis, au carrefour flanqué d'un poteau directionnel, montez en face le sentier balisé en jaune. Ce sentier fait d'abord un grand lacet avant de monter tout droit en direction du col bien visible depuis le départ.

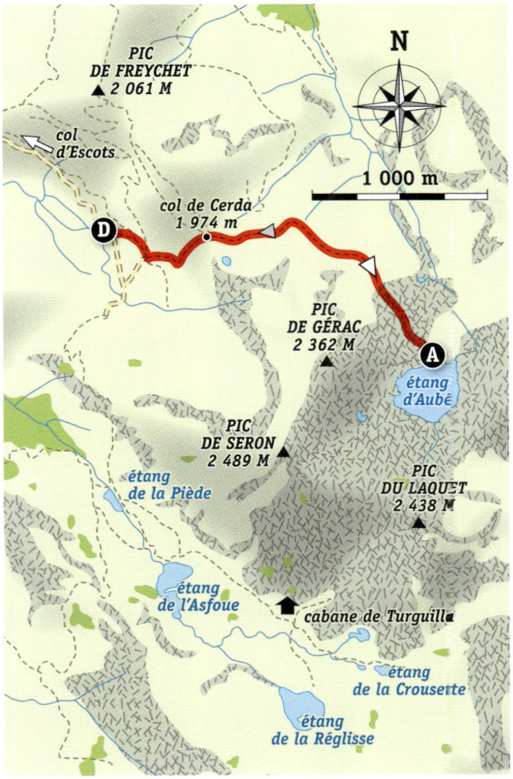

0h30 Col de Cerda (1974 m) qui ouvre sur la vallée très encaissée du Fouillet. Vous devez d'abord descendre avant de traverser un éboulis. Il continue sur le flanc droit où montées et descentes se succèdent irrégulièrement; ce qui en fait un parcours un peu pénible. Remarquez la nouvelle cabane du berger en contrebas sous le sentier dans la première partie.
La suite se dirige petit à petit vers le sud-est sur les contreforts du pic de Gérac où le terrain est un mixte d'herbe et de roche.

1h30 L'arrivée sur le lac d'Aubé (2084 m d'altitude) se fait à travers de grosses roches qui dominent le bassin. C'est un très bon exemple de lac d'origine glaciaire au pied du pic sombre de Méde et du pic de Séron. Il faut descendre un peu à travers ces roches pour atteindre le bord du lac.

10

ÉTANG DU GARBET ET ÉTANG BLEU

À l'extrême est de la haute vallée du Salat, la vallée d'Aulus se referme en un cirque encaissé contre le massif de Bassiès, dominé par les pics de Fouradade (2281 m), de Caumale (2523 m) et de la Pique Rouge (2676 m). La présence de ces parois rocheuses et des fortes pentes herbeuses donne un cachet indéniable à l'étang du Garbet comme à celui de du petit étang Bleu qui est perché 300 mètres plus haut comme un nid d'aigle. L'accès à ce dernier n'est pas si facile et peut rebuter les randonneurs les moins expérimentés. En début de saison d'été, la présence de névés tardifs peut rendre la tâche encore plus compliquée, mais l'étang du Garbet, perché à 1685 m d'altitude sur une surface de plus de 15 hectares, possède tous les arguments pour que vous en restiez là.

- **Accès:** atteindre Aulus-les-Bains par la D 32. Continuez pendant 4,6 km en direction du col d'Agnes. Garez-vous dans le virage d'Agneserre (panneau de randonnée) à 1140 m.
- **Horaire:**
  2h00 pour le Garbet
  3h00 pour l'étang Bleu
  2h00 pour le retour de l'étang Bleu au départ
- **Dénivelé:**
  600 m pour le Garbet
  900 m pour l'étang Bleu
- **Difficultés:** pentes raides et lisses et enneigées en début de saison pour l'étang Bleu.
- **Cartes:**
  IGN TOP 25 2148 OT Vicdessos
  Rando Éditions 1/50 000e N° 7 Haute Ariège

Les contreforts du pic de Caumale qui domine le Garbet.

Cascade cu Garbet.

ÉTANG DU GARBET
ET ÉTANG BLEU

Itinéraire

0h00 Enfoncez-vous dans la forêt à droite (balisage jaune) avec une descente au départ puis par une longue traversée ensuite. Le sous-bois peut être glissant à cause de la mousse sur les roches. Passez deux ruisseaux à gué. Un passage protégé (câble) permet de franchir une roche. Après la forêt, vous franchissez un col pour redescendre un peu dans le cirque du…

0h50… Garbettou : replat à 1400 m traversé par le torrent du Garbet. Faites une demi-boucle pour gravir ensuite le versant droit du cirque où le sentier grimpe de nouveau en forêt. Au-dessus, il repart en traversée vers le sud sur un parterre encombré de roches qui rendent parfois la progression pénible. Vous passez près d'une cascade avant de grimper entre deux falaises et un dernier ressaut.

AULUS-LES-BAINS

Ce sont les eaux du Garbet qui mouillent le village d'Aulus-les-Bains. Ce bourg est surtout connu pour ses thermes avec des sources d'eau sulfatée calcique : une eau hyper diurétique. Déjà les Romains utilisaient ce site, mais la guérison d'un officier atteint de syphilis en 1823 fut le point de départ de la renommée qu'ont aujourd'hui les eaux d'Aulus. Un petit centre thermal débuta en 1829 mais le grand établissement fut inauguré en 1874 avec une capacité de 1200 bains. Aulus devient à la mode en accueillant jusqu'à 2500 curistes et un casino sera ouvert en 1877. Quatre sources alimentent les thermes : « Bacqué, Darmagnac, La Nouvelle, et 3 Césars ». Les eaux d'Aulus agissent dans le traitement du cholestérol, sur les troubles hépatiques, l'hypertension et un certain diabète. Aulus sera connu, aussi, pour ses porteurs de glace qui allaient la chercher en montagne pour alimenter les hôtels. La Seconde Guerre mondiale a failli sonner le glas de cette station thermale. La reprise dans les années 1990 et la modernisation au début des années 2000 pérennisent cette petite station thermale en la mettant aux goûts du jour.
Au-dessus du village n'oubliez pas d'aller voir la cascade d'Ars : une des plus belles des Pyrénées (1h30 aller).

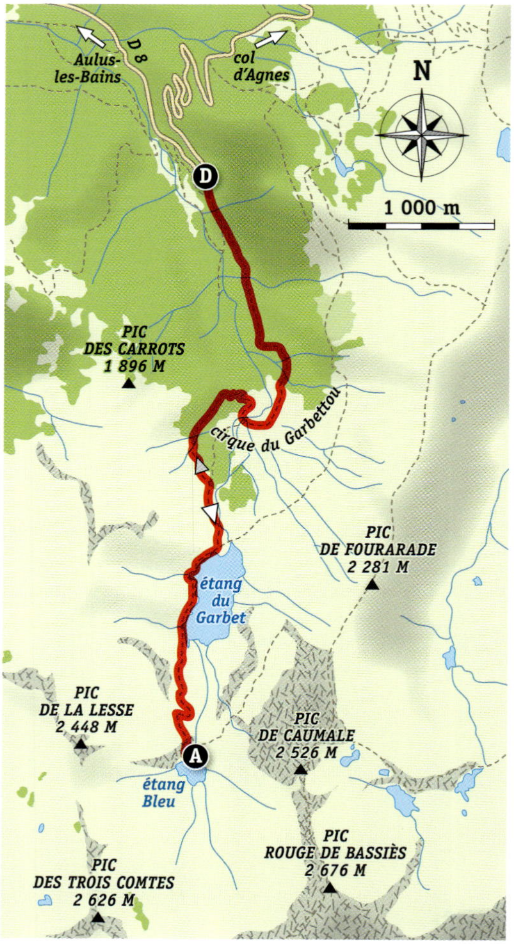

2h00 Étang du Garbet (1683 m, plus de 15 ha). Contournez-le par sa droite où il faut un peu d'attention dans le franchissement d'une roche lisse. Après le lac, grimpez à droite fortement par une série de lacets sur des pentes assez raides. Attention aux névés tardifs.
Plus haut, l'itinéraire fait un écart vers la droite afin de franchir un ressaut et permettre d'atteindre un passage rocheux qui domine…

3h00… l'étang Bleu à 1989 m, enchâssé dans un petit cirque rocheux et froid : la neige y reste longtemps.

Revenez par le même chemin.

Lac du Garbet vers le sud.

Lac du Garbet vers le nord.

11

ÉTANGS DE BASSIÈS

Pas moins d'une dizaine d'étangs sont éparpillés dans ce cirque, à différents étages mais les trois plus grands sont aussi les premiers sur le chemin. Perché 800 mètres au-dessus de la vallée d'Auzat, ce site fait de roche et d'eau est vraiment unique en Ariège. D'accord, la montée dans la forêt est soutenue mais une fois le pied sur ce magnifique bassin lacustre, marqué à l'entrée par un joli pont en pierre, la visite des lacs se fait pratiquement à plat. La visite commence par l'étang de l'Escale (3,6 ha), suivi de l'étang Long (2,8 ha) qui précède l'immense étang Majeur de plus de 21 hectares. À côté le petit lac Mort (0,9 ha) et celui du Pla de la Font (2,9 ha) concluent cette brochette. Chacun aura le loisir de trouver son aire de repos près d'un lac, sur une belle pelouse ou sur une dalle de granit accueillante. Certains gagneront le refuge de Bassiès et peut-être y passeront la nuit. Peut-être pour aller voir l'autre série de lacs, celle des Lavants, qui se trouve plus haut sous le sommet du pic Rouge de Bassiès.

Rosier de montagne.

Chemin dallé vers les Bassiès.

Laquet et étang Long de Bassiès.

Pont de pierre sur le torrent de Bassiès.

11

ÉTANGS DE BASSIÈS

- **Accès :** gagnez Vicdessos et ensuite Auzat par la D 8. Après ce village en direction de Marc, ignorez la direction d'Artiés et plus loin garez-vous à droite sur le parking aménagé en dessous de la route ou un peu plus loin à gauche après le premier virage en épingle.
- **Horaire :**
  2h00 pour le premier lac
  3h00 pour le refuge
  2h00 pour le retour depuis le refuge
- **Dénivelé :** 800 m au refuge
- **Difficulté :** aucune
- **Cartes :**
  IGN TOP 25 2148 OT Vicdessos
  Rando Éditions 1/50 000e N° 7 Haute Ariège

Itinéraire

0h00 Dans le virage au-dessus du parking empruntez le sentier à droite. Il descend un peu et franchit le torrent. Puis à la bifurcation, il se poursuit à gauche où il file vers le sud le long de murettes. Au carrefour près d'un ruisseau, montez à droite (panneau) tout en laissant l'accès à Marc à gauche.

0h30 À la route (EDF : fermée à la circulation) montez en face. Au-dessus au carrefour, ignorez à gauche la direction du gîte d'étape.

1h20 Après un rocher sur la crête (1439 m), le sentier entre dans le vallon proprement dit de Bassiès où il descend un peu d'abord (source). Vous dépassez la forêt et le sentier se faufile sur un terrain mixte de roche et de végétation. Vous doublez une conduite EDF. Après un replat, l'itinéraire se redresse et passe un ressaut rocheux.

« LA MINE AUX MINEURS »

Placé dans les entrailles du mont Rancié, dans le Vicdessos, le minerai de très haute qualité est constitué d'hématite pure. Au XVIIIe siècle, il alimente une cinquantaine de forges catalanes de la région allant même jusqu'à Alès et Lacaune. La mine est propriété collective et indivise des habitants de la vallée. Les mineurs viennent des trois villages voisins : Sem, Goulier et Olbier. On a compté plus de 500 mineurs sur le site à cette époque. Chacun avait le droit d'exploiter et de vendre à son compte, mais les maîtres des Forges contrôlaient la production et le prix. La pauvreté n'a pas pour autant quitté la vallée. Les difficultés d'exploitation et la concurrence du minerai étranger ont fini par éteindre lentement la production au début du XXe siècle.

2h00 Pont en pierre qui enjambe le torrent de Bassiès. Vous pénétrez ainsi dans ce vallon lacustre où le premier étang celui d'Escalès à 1594 m est tout proche avec son barrage en vue (3 ha). Longez-le pour atteindre les suivants : l'étang Long à 1624 m (2,8 ha) et l'étang Majeur de 21 hectares à peine plus haut. En continuant, vous verrez le petit étang Mort et le dernier avant le refuge : l'étang du Pla de la Font.

3h00 Refuge de Bassiès.

Étang majeur de Bassiès.

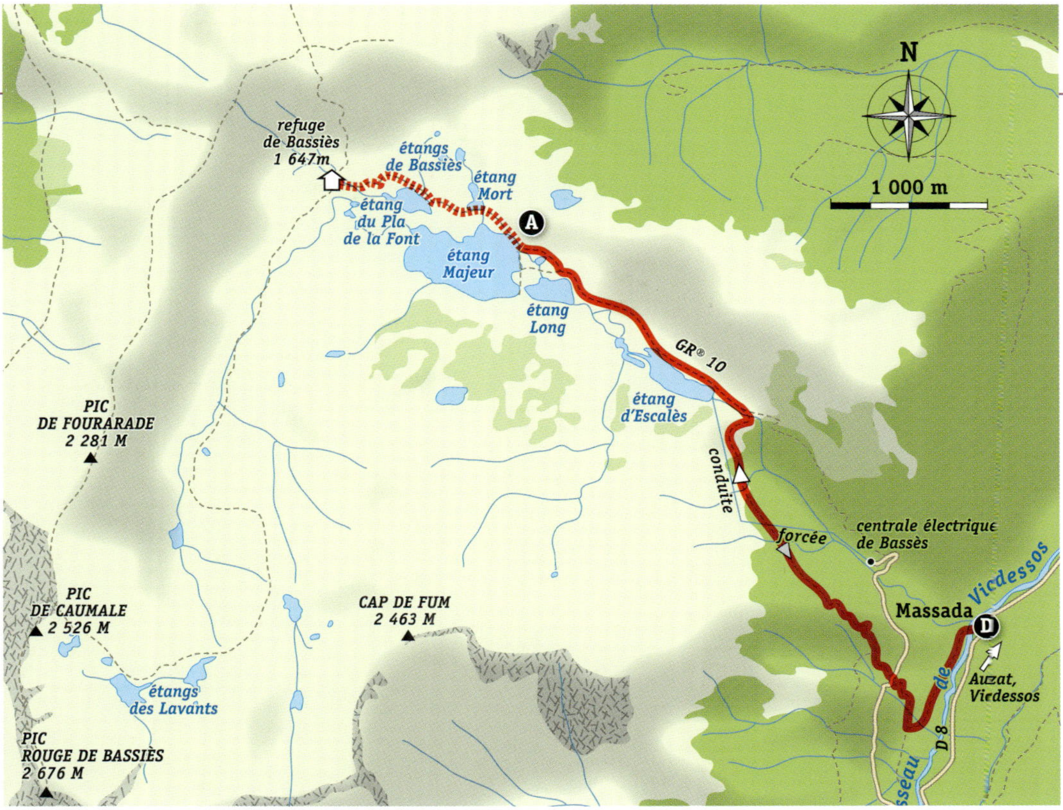
N
1 000 m
refuge
de Bassiès
1 647m
étangs
de Bassiès
étang
Mort
étang
du Pla
de la Font
étang
Majeur
A
étang
Long
GR® 10
étang
d'Escalès
conduite
forcée
centrale électrique
de Bassès
Massada
D
Vicdessos
de
Auzat,
Vicdessos
D 8
PIC
DE FOURARADE
2 281 M
PIC
DE CAUMALE
2 526 M
CAP DE FUM
2 463 M
étangs
des Lavants
PIC
ROUGE DE BASSIÈS
2 676 M

12

L'ÉTANG D'ARBU

L'étang d'Arbu, sur le parcours d'ascension du pic des Trois Seigneurs (2199 m), est un formidable exemple de lac d'origine glaciaire. Ces roches granitiques polies et sculptés sont l'œuvre de la puissance des glaciers qui ont façonné le paysage pyrénéen durant des millénaires. Cet étang présente des avantages que beaucoup de marcheurs apprécient et recherchent comme la facilité d'approche, le cadre enchanteur et la sérénité des lieux. De sa position en balcon, il offre une vue privilégiée sur le haut du Vicdessos avec le massif de Bassiès enneigé tardivement et coiffé par le Montcalm (3077 m): le toit de l'Ariège. Son parcours vous invite à découvrir un peu de l'histoire du pastoralisme avec la présence d'orris sur le bord du sentier, encore en bon état, où les bergers passaient la saison d'été à surveiller les troupeaux. D'ailleurs vous rencontrerez certainement de très jolies juments accompagnées de leurs poulains ou des troupeaux de vaches gasconnes: une race pyrénéenne.

- **Accès:** depuis Tarascon-sur-Ariège, atteindre Vicdessos par la D 8. Au cœur du village, prendre à droite la D 18 en direction du port de Lers. Avant ce col, garez-vous vers 1400 m, dans un virage flanqué d'un panneau de randonnée.
- **Horaire:**
  1h30 aller
  1h00 retour
- **Dénivelé:** 350 m
- **Difficulté:** 2 passages raides
- **Cartes:**
  IGN TOP 25 2047 ET Labastide-de-Sérou, Massat, Pic des 3 Seigneurs
  Rando Éditions 1/50 000e N° 7 Haute Ariège

L'étang d'Arbu en balcon face au massif de Bassiès.

L'ÉTANG D'ARBU

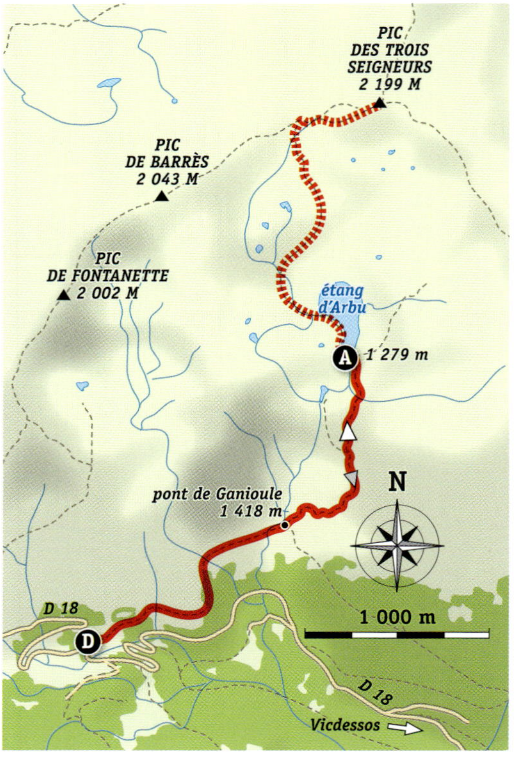

0h00 Dans le virage, le sentier débute par une petite descente avant de partir en traversée sur le flanc bien au-dessus de la route que vous venez d'arpenter. Balisage jaune. Vous enjamberez de petits ruisseaux puis vous longerez le torrent d'Arbu.

0h30 Après le joli petit pont en pierre de Ganioule à 1420 m se présente une bifurcation avec un poteau. Laissez à droite une sente pour progresser à gauche. Le sentier se faufile dans les genêts et se redresse petit à petit afin de franchir un premier ressaut rocheux. Au-dessus, il exécute une traversée en balcon.

1h10 Vous atteignez un bel orry (source un peu en contrebas). Au-dessus, l'itinéraire chemine dans les roches arrondies, descendez un peu avant de franchir les dernières roches polies à droite du torrent.

1h30 Étang d'Arbu perché en balcon à 1726 m au pied du pic des Trois Seigneurs. Sa surface atteint quand même 4 hectares et il est très apprécié par les pêcheurs à la truite.

Suggestions: pic des trois Seigneurs (2199 m) aller-retour depuis l'étang d'Arbu en 3h00.

Cascade sur le ruisseau d'Arbu.

LA GUERRE DES DEMOISELLES

Après un recul dramatique de la forêt française, le code forestier, voté en 1827, interdit aux paysans de mener leur troupeau dans les forêts, de ramasser du bois même mort ou de la fougère déclenchant ainsi la colère des paysans. En Ariège, en mai 1829, les premières « demoiselles » apparurent. Ce sont des bandes de paysans armés, revêtus d'une longue chemise blanche et coiffés de la peau d'un mouton ou d'un mouchoir noué qui mettent en fuite les gardes ou les charbonniers et tiennent tête aux troupes de gendarmerie. « Les demoiselles » agissent parfois au grand jour, armées de fusils ou de simples fourches. De l'Ariège à la Haute-Garonne elles manifestent par centaines dans les villages au nez des troupes. Des arrestations ont lieu et une amnistie est proclamée en 1830, mais la révolte va durer sporadiquement jusqu'à la fin du XIXe siècle.

13

ÉTANG BLEU DE RABAT

Cette vallée discrète au-dessus de Tarascon-sur-Ariège, à cheval entre le Massatois et le Vicdessos, cache deux jolis petits étangs sur le versant est du pic des Trois Seigneurs. Deux perles qui s'alanguissent au pied du pic de Peyroutet dont la verticalité austère tranche avec la douceur de la pelouse qui enrobe les lacs. Les atteindre est une randonnées qui se suffit à elle-même mais pousser jusqu'au col de la Couillate (une toute petite demi-heure de marche en plus) apporte un grand plus avec un panorama vraiment exceptionnel sur une large partie des Pyrénées ariégeoises : du Vicdessos au mont Valier. Le retour en boucle permet de mieux appréhender cette vallée en découvrant en particulier le cirque d'Embans, contrefort est du pic des Trois Seigneurs, la forêt de hêtres et le magnifique ruisseau de la Courbière dont certains tronçons sont des œuvres d'art surtout à l'automne quand les feuilles tapissent le sol d'une couleur terre-de-Sienne.

Étang Bleu.

ÉTANG BLEU DE RABAT

- **Accès:** en venant de Foix, au grand rond-point à la fin de la 4 voies à l'entrée de Tarascon, dirigez-vous vers Saurat. Assez vite, virez à gauche vers Surba puis vers Rabat-les-Trois-Seigneurs. Traversez ce village par la gauche en direction de la Freyte, en bas, remontez vers la gauche. Au carrefour près de la maison de la chasse, virez à gauche. Puis, en laissant la route de Contrac à droite, filez tout droit. Dépassez le hameau de la Freyte et atteindre le terme de la route qui se conclut par un parking (1022 m) à gauche de la piste forestière interdite à la circulation.

- **Horaire:**
  2h15 pour l'étang Bleu
  4h00 pour le circuit
- **Dénivelé:** 800 m
- **Difficultés:** passages un peu raides, attention en début de saison au névé sur le ruisseau du cirque d'Embans
- **Cartes:**
  IGN TOP 25 2047 ET Labastide-de-Sérou, Massat, Pic des 3 Seigneurs
  Rando Éditions 1/50 000e N° 7 Haute Ariège

Myrtilles givrées.

0h00 Empruntez le chemin forestier au-dessus (balisage jaune). À la fourche (1) (gué en béton à gauche) continuez un peu à droite afin de traverser la rivière sur la passerelle à gauche pour continuer sur le chemin en montée.

0h30 Dans la ligne droite, quittez la piste pour un vieux chemin à droite (panneau). À son terme en virant à droite poursuivez par un sentier dans la forêt de hêtres.
Un peu plus loin, vous traversez une clairière occupée par des framboisiers. La suite est une longue montée en lacet parfois assez raide. Petit à petit, on s'élève au-dessus de la forêt de hêtres pour continuer sous les bouleaux.

1h30 Après un petit ruisseau le sentier est plus tranquille et part en traversée dans une lande de myrtilles et rhododendrons où la vue est maintenant ouverte sur le massif des Trois Seigneurs. Quelques passages humides. L'itinéraire traverse ensuite un faux replat avec à droite des orrys.

Étang Long.

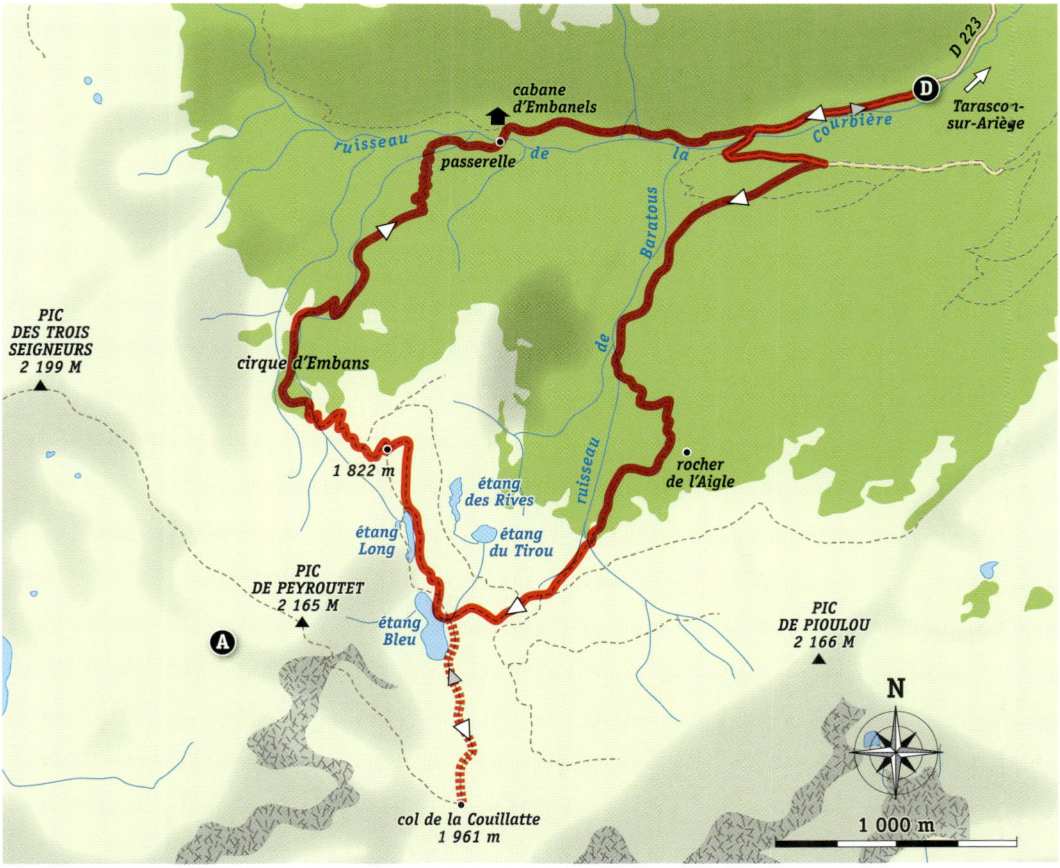
D 223
D
Tarascon-sur-Ariège
cabane d'Embanels
passerelle
ruisseau de la Courbière
ruisseau de Baratous
PIC DES TROIS SEIGNEURS 2 199 M
cirque d'Embans
1 822 m
rocher de l'Aigle
étang des Rives
étang Long
étang du Tirou
PIC DE PEYROUTET 2 165 M
étang Bleu
A
PIC DE PIOULOU 2 166 M
N
1 000 m
col de la Couillatte 1 961 m

Remarquez en contrebas à droite les laquets du Tirou.
Vous rejoignez le ruisseau déversoir.

2h15 Étang Bleu (1790 m), la quiétude de cette étendue d'eau contraste avec la sévérité du versant abrupt et herbeux du pic de Peyroutet.

Nous vous proposons de faire une boucle en descendant par le cirque d'Embans (la montée peut se faire par là aussi).
Traversez le déversoir de l'étang Bleu pour suivre une trace balisée en jaune qui franchit des mamelons et passe à droite de l'étang Long. L'itinéraire gravit une dernière bosse avant de descendre en lacet.

2h45 Traversez un ruisseau avant de plonger dans le cirque d'Embans par des passages assez raides et pouvant être glissants.

Plus bas, vous entrez dans la forêt de hêtres. D'abord en traversée vous descendez ensuite par de beaux lacets.

3h30 En bas, enjambez la rivière sur une passerelle en bois pour traverser ensuite une grande prairie et suivre la piste forestière en sous-bois.
Vous retrouvez la fourche de la montée (1), tout droit vous atteignez le…

4h00… parking.

Suggestions: montez au col de la Couillate (1961 m) en 25 minutes. Continuez jusqu'au pic des Trois Seigneurs, environ 3h30 aller-retour depuis l'étang Bleu.

Montée vers l'étang Bleu face au cirque d'Embans.

Étangs de la Gardelle, deuxième et troisième.

14

LES ÉTANGS DE LA GARDELLE

(ROUMAZET ET SOUCARRANE EN BOUCLE)

Les étangs de la Gardelle associés à ceux de Roumazet et de la Soucarrane offrent un des plus beaux terrains de découverte du Vicdessos qui pourtant ne manque pas de possibilités. Ce secteur, au pied des plus hauts sommets de l'Ariège présente un relief assez raide qui donne à cette randonnée un certain caractère mais l'effort est largement récompensé par la beauté de chaque lac rencontré et enchâssé dans ce formidables balcons rocheux. Ils sont au nombre de quatre côté Gardelles de tailles différentes et étagés les uns au-dessus des autres. Tantôt bleu tantôt vert selon la saison et la lumière du jour, il faut les regarder avec curiosité autant de près que de loin. Ce circuit qui franchit une belle crête à 2476 m en donne une merveilleuse occasion.

14

LES ÉTANGS DE LA GARDELLE

(ROUMAZET ET SOUCARRANE EN BOUCLE)

- **Accès:** depuis Tarascon-sur-Ariège, gagnez Vicdessos et ensuite Auzat par la D 8. Remontez cette route jusqu'au bout de la vallée en passant par Marc et Mounicou. Après ce hameau, continuez en direction de l'étang de Soulcem. Après le barrage, longez l'étang et dépassez-le pour vous garer 100 mètres avant les Orris du Carla, dans le virage (poteau indicateur) (1620 m).
- **Horaire:**
  2h15 pour le premier étang
  6h00 pour la boucle
- **Dénivelé:**
  800 m pour le premier étang
  1000 m pour la boucle
- **Difficultés:** longueur de la boucle et sentiers raides
- **Cartes:**
  IGN TOP 25 2148 OT Vicdessos
  Rando Éditions 1/50000e N° 7 Haute Ariège

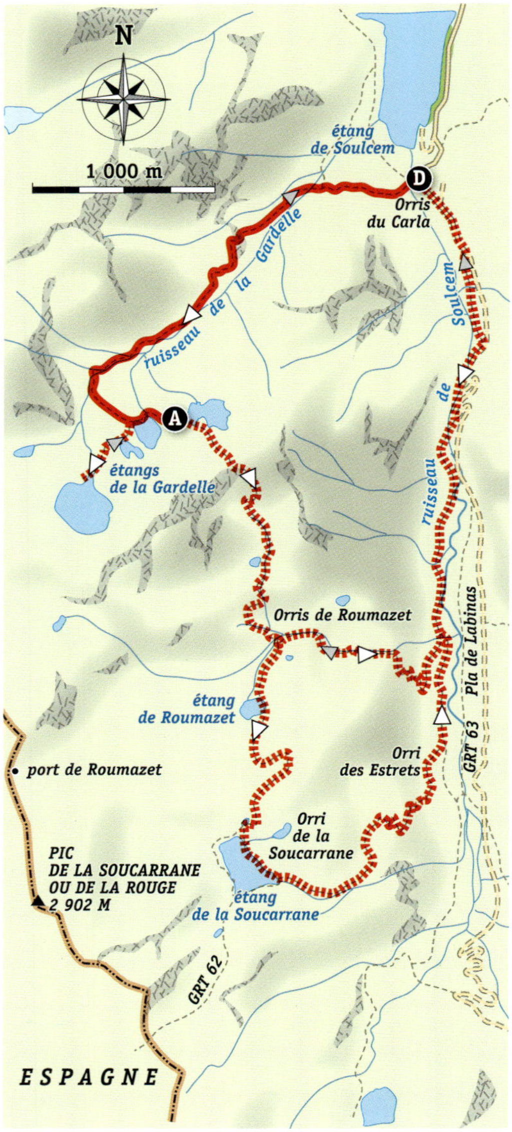

0h00 Commencez par descendre un peu pour aller traverser la passerelle et remonter en face en suivant le sentier qui s'élève en lacet (balises jaunes). Déjà la montée est sérieuse et donne le ton de cette randonnée: quelques marches sont hautes. Après un ressaut, vous rejoignez le ruisseau.

0h35 Traversez-le pour grimper à droite tout en vous éloignant du ruisseau. La montée est progressive mais soutenue.
Plus haut, il faut franchir un ressaut important (falaises sombres) par un thalweg sur la droite. Après une crête, le sentier fait une traversée en légère descente où un passage sans être difficile demande de la prudence. Vous vous rapprochez du ruisseau avant de traverser un replat humide.

Plus haut grimpez un grand ressaut rocheux en son centre par des lacets raides mais relativement aisés. Au-dessus le sentier se dirige vers le ruisseau et descend même un peu avant d'arriver dans un replat marécageux coté 2163 m.

1h40 Orris (2163 m) dont un possède une porte. Continuez votre progression dans l'axe de la vallée. Bien au-dessus, vous atteignez un autre replat où il vous faut traverser le ruisseau à deux reprises. Le sentier maintenant s'oriente au sud-est et grimpe plus fortement dans un large couloir. Au-dessus, il rejoint le ruisseau déversoir.

2h15 Premier lac de la Gardelle à 2370 m. Montez à droite pour atteindre assez rapidement le deuxième lac. Progressez toujours vers le sud-ouest pour atteindre…

2h30… le plus grand lac de la Gardelle à 2420 m d'une superficie 5,8 hectares, dominé par la pointe de Roumazet (2842 m).

Étang de la Gardelle quatrième et pic de Canalbonne.

Étang de la Gardelle le premier.

LES ÉTANGS DE LA GARDELLE
(ROUMAZET ET SOUCARRANE EN BOUCLE)

L'ORRI

L'orri était un abri utilisé par le berger pendant la transhumance des troupeaux en montagne l'été. La charte de 1292, octroyée par les comtes de Foix, accordait des privilèges dont des droits d'orriage et de pâturages. Ces cabanes visibles sur les hauts pâturages ne sont plus utilisées maintenant mais l'ont été jusqu'à la construction des nouvelles cabanes pastorales à partir des années quarante. Les dernières l'ont été dans les années 1970. L'orri est un abri en pierre sèche construit en voûte recouvert de gispet (herbe de montagne) qui en assure l'étanchéité. On distingue selon les endroits un orri d'habitation, un mazuc (cave à fromage) près de la source, un enclos pour contenir les bêtes et un couloir de traite mais aussi comme dans le Vicdessos un orri pour le cochon et un autre pour les poules. Un bel exemple se trouve au fond du parking du Carla au-dessus de l'étang de Soulcem. Dans cette vallée, on en compte des centaines parce que la transhumance était individuelle. Chaque famille possédait un ou deux orris alors qu'ailleurs « l'estive » se faisait collectivement : un seul berger pour un troupeau de plusieurs éleveurs. Heureusement beaucoup de ces orris ont été restaurés.

2h45 Revenez au premier lac que vous contournez par la gauche où le sentier s'élève bien au-dessus du lac afin d'atteindre…

3h00… une crête (2405 m) où vous découvrez le quatrième étang niché dans un écrin rocheux magnifique.
Vous pouvez revenir par le même chemin ou faire une boucle par les étangs de Roumazet et de la Soucarrane puis le vallon de Soulcem.
Poursuivez sur le sentier qui descend un peu avant de traverser vers le sud-est puis remontez en lacet vers une échancrure bien marquée sur la crête.

3h25 Col à 2476 m entre le vallon des étangs de la Gardelle et celui de Roumazet que vous apercevez bien plus bas. Descendez sur ce dernier versant en suivant bien la trace dans la pente plus raide. Elle part d'abord à gauche avant de repartir bien plus bas vers la droite.
Traversez le ruisseau et rejoignez tout droit le sentier (GR transfrontalier) qui vient des orris de Roumazet (un peu en contrebas à gauche). Suivez-le à droite vers le sud.

4h00 Étang de Roumazet à 2163 m au milieu de la pelouse (1,8 ha). Laissez-le à droite pour continuer tout droit afin de franchir un éboulis puis un col (2320 m) qui ouvre sur le lac de la Soucarrane. Rejoignez-le en passant près de petits lacs.

4h30 Étang de la Soucarrane (2292 m), longez-le sur la gauche.
Au déversoir que vous ne traversez pas descendez à gauche en laissant le GRT62 à droite qui monte au port de Bouet. En dessous se trouvent les orris de la Soucarrane.
Plus bas, l'itinéraire s'éloigne du ruisseau puis plonge en passant par un éperon rocheux en balcon.

5h10 Vous rejoignez le pla de Labinas. À gauche, vous poursuivez vers le nord où vous rejoignez le ruisseau de Roumazet et le GRT63 que vous suivez désormais jusqu'aux Orris du Carla en passant une passerelle sur le torrent (cascade) pour suivre la piste en partie.

6h00 Parking.

Lac de la Soucarrane.

15

ÉTANGS DU PICOT

Une série de quatre lacs étagés entre 2040 m et 2416 sur le versant ouest entre les sommets du Picot (2707 m) et du Malcaras (2859 m). Ici dans le haut Vicdessos, le relief est vite sérieux mais jamais austère. Hormis le départ, le parcours s'insinue dans des pentes parfois très raides, mais dans la prédisposition du terrain en balcon, la découverte de chaque lac est un grand bonheur. Les deux premiers sont petits mais non ins gnifiants et leur beauté est indéniable. Le troisième est le plus grand avec ses 5,8 hectares mais de là il serait dommage de ne pas monter voir le plus haut, au pied du sommet du Picot (2707 m) qui donne bien la mesure de l'ensemble et offre une vue privilégiée sur les 3000 du versant d'en face (Montcalm 3077 m et pique d'Estat 3143 m).

Le plus grand lac du Picot (le troisième).

15

ÉTANGS DU PICOT

- **Accès:** depuis Tarascon-sur-Ariège, gagnez Vicdessos et ensuite Auzat par la D 8. Remontez cette route jusqu'au bout de la vallée en passant par Marc et Mounicou. Après ce hameau, continuez en direction de l'étang de Soulcem. Garez-vous un peu avant le barrage près d'une route privée (voie sans issue) à 1560 m.
- **Horaire:** 5h00
- **Dénivelé:** 900 m
- **Difficulté:** marche sur pentes raides et éboulis
- **Cartes:**
  IGN TOP 25 2148 OT Vicdessos
  Rando Éditions 1/50 000e N° 7 Haute Ariège

0h00 En direction des étangs du Picot, commencez la marche sur cette voie privée (balisage jaune) que vous quittez dans le premier virage pour un sentier horizontal (canalisation).

0h25 Près du captage, grimpez à droite du torrent où le sentier monte fortement en lacet.
Au-dessus des orris, franchissez un ressaut rocheux pouvant être glissant.

1h20 Vous atteignez le premier petit lac du Picot (2040 m). Continuez sur sa droite.
Après un replat, montez un éboulis et passez ainsi au-dessus de la cascade.

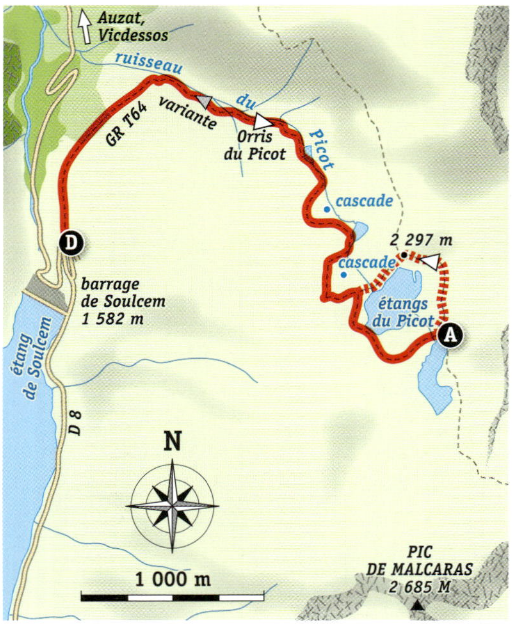

1h50 Deuxième petit étang du Picot (2163 m). À droite, suivez bien les cairns et le balisage dans les éboulis et les rhododendrons pour contourner le verrou rocheux. Au-dessus, traversez vers la gauche sur des dalles arrondies par l'érosion glaciaire.

2h10 Troisième lac du Picot (2286 m), le plus grand avec une surface de 5,8 ha. Il est dominé aussi par un verrou rocheux et une cascade. Poursuivez cette fois-ci par la gauche, traversez le déversoir et suivez une

Le plus haut lac du Picot (le quatrième).

sente (balises jaunes) à travers les roches arrondies. À gauche du lac, traversez une petite zone d'éboulis et élevez-vous dans les pelouses très raides sous les falaises du pic du Picot. Puis, à flanc, le sentier passe au-dessus du verrou. Il domine outrageusement le grand lac (le troisième) d'un bleu profond.

2h40 Déversoir du dernier étang du Picot à 2416 m. Ce dernier se trouve au cœur d'un cirque constitué par les crêtes sombres et accidentées qui s'étirent entre le pic du Picot et les sommets du Malcaras au sud. Pour la descente vous pouvez revenir sur le grand lac en circuit par l'autre versant. Une sente cairnée et balisée en jaune permet de descendre dans un couloir herbeux et de traverser ensuite les éboulis pour revenir sur les rives et non loin du déversoir du troisième étang. Ensuite revenez par le même chemin.

5h00 Retour parking.

16

L'ÉTANG DE PEYREGRAND

Siguer, une vallée si particulière au sein du massif du Vicdessos dont une partie de son histoire parle de ces hommes qui transitaient par les chemins et les sentiers transfrontaliers. L'aménagement des passages difficiles comme les murs de soutènement dans le défilé du Pas des Escales ou le dallage des coins humides, la cabane de Brouquenat ou les restes d'orris (abris souvent sommaires) sont des témoignages forts de l'activité humaine en montagne. Tous ces « cailloux » nous racontent la rudesse de ces hommes qui transportaient des marchandises jusqu'en Andorre ou qui transhumaient les troupeaux en altitude sur des pentes souvent difficiles. Ils passaient près de l'étang de Peyregrand : une belle et grande étendue d'eau de près de 3 ha à 1900 m d'altitude dans un cadre montagnard plein de caractère et de charme.

Ruisseau de l'Escale.

0 h 00 Parking du Bouychet (928 m). Le sentier (panneau) démarre à droite du bâtiment du téléphérique EDF desservant le barrage de Gnioure. Grimpette pour rejoindre le chemin que vous empruntez à droite pour gagner le vallon d'Escales.

Les grandes herbes de l'étang de Peyregrand.

L'étang de Peyregrand.

Franchissez une passerelle (1290 m). Vestiges de dallage et murets de pierre, signes d'une activité humaine disparue. Une nouvelle passerelle ramène rive droite. Plus loin, longez une ruine à gauche.

1h30 Pont de la Peyre (1498 m). Traversez et ignorez le sentier de droite (accès à l'étang de Gnioure) et poursuivez à gauche en longeant plus ou moins le torrent. Vous marcherez sur des éboulis aménagés. Dépassez l'étang de Brouquenat-d'en-Haut tout en longueur bordé de longues herbes.
2h00 Traversez une zone humide près de la cabane de Brouquenat-d'en-Haut (1597 m). Après, l'itinéraire s'oriente sud-ouest, franchit le charmant petit pont de pierre de Gespedière (1626 m) et traverse la jasse des Planes. Le sentier ensuite se faufile par paliers successifs à travers un paysage de roches arrondies.

3h00 Étang de Peyregrand (déversoir à 1898 m).

- **Accès:** depuis Tarascon-sur-Ariège, prenez la direction de Vicdessos (D 8). Virez à gauche après une dizaine de kilomètres, en direction de Siguer (D 24) que vous traversez tout droit. Poursuivez plein sud par une petite route conduisant au parking du Bouychet (bâtiments EDF).
- **Horaire:**
  3h00 aller; 2h00 retour
- **Dénivelé:** 1000 m
- **Difficulté:** moyenne
- **Cartes:**
  IGN TOP 25 2148 OT Vicdessos
  Rando Éditions 1/50 000e N° 7 Haute Ariège

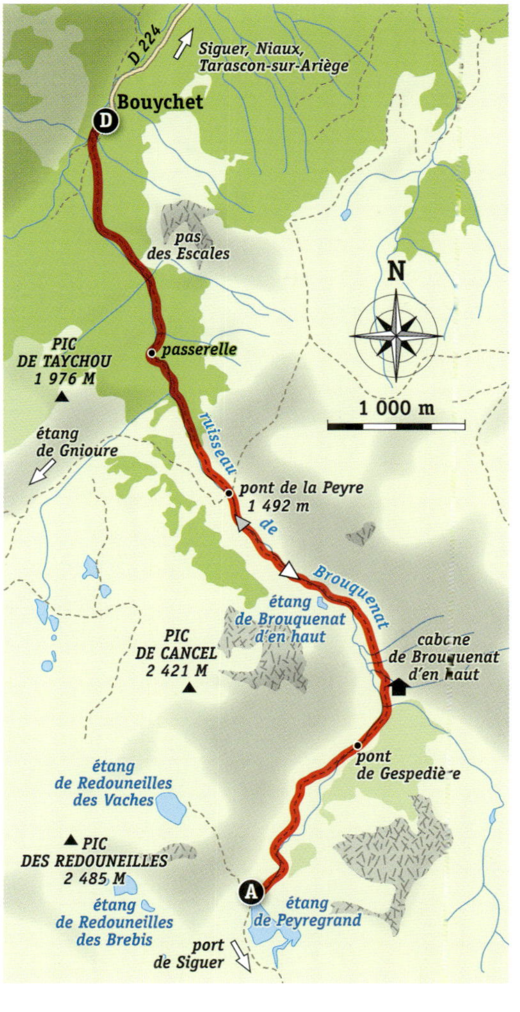

17

FONTARGENTE

Vous serez bien inspiré de choisir cette randonnée que vous devez réaliser en boucle pour apprécier l'ensemble du site. Vous verrez les trois lacs de Fontargente dans un cirque ouvert sur les hauteurs de la vallée d'Aston près de la frontière andorrane. Son nom « Fontargente » se traduit par « source d'argent », tout un programme mais qui n'est pas lié au métal précieux mais seulement à un joli reflet argenté sur la surface de l'eau. Ces étangs se succèdent du plus grand au plus petit (17 ha, 6,02 ha et 0,5 ha). À quelques pas de l'Andorre, il est facile de pousser jusqu'au port de Fontargente ou port d'Inclès, le large col placé sur la frontière à 2262 m. Il est le prolongement naturel de cette randonnée et ouvre le regard sur l'ensemble des lacs et des sommets tout autour. La descente par la vallée de la Coume de Varilhes allonge un peu la randonnée mais apporte un peu plus de découvertes et de sensations.

- **Accès:** depuis Tarascon-sur-Ariège, prenez la N 20 en direction de l'Andorre. Après Sinsat, allez à droite en direction des Cabannes. Dépassez Aulos et dans le virage après le pont de la voie ferrée prenez à droite vers Aston que vous traversez par la droite. Après le village, remontez la petite route jusqu'à son terme et aussi la piste qui démarre au-dessus du barrage de Laparan. Garez-vous sur le petit parking aménagé en bout de piste au Pla de Laspeyres
- **Horaire:** 3h00 pour la boucle
- **Dénivelé:** 560 m pour les lacs
- **Difficulté:** aucune
- **Cartes:**
  IGN TOP 25 2249 OT Bourg-Madame - Col du Puymorens et 2148 OT Vicdessos
  Rando Éditions 1/50000ᵉ N° 7 Haute Ariège

Arrivée sur le grand lac de Fontargente.

Fontargente au début de l'hiver.

Itinéraire

0 h 00 En bout de parking de Laspeyres à 1 700 m, suivez la direction du refuge du Rulhe avec le balisage jaune. L'itinéraire traverse quelques passages humides sur le replat herbeux avant de remonter un premier raidillon bien à gauche du torrent.

0 h 30 Vous arrivez à un carrefour de sentiers où vous laissez l'accès au refuge à gauche pour continuer à droite pratiquement à plat.

0 h 40 Une passerelle métallique vous permet de traverser l'Aston. Juste après, ne soyez pas tenté de longer la rivière, mais partez un peu à droite afin de grimper ensuite sur la crête.

1 h 15 Vous atteignez une sorte de petit col vers 2 075 m. Progressez à droite afin de franchir le Malpas et poursuivre sur le replat au-dessus.

1 h 30 Vous atteignez le premier lac de Fontargente à 2 150 m qui est aussi le plus grand (17 ha). Continuez sur sa droite pour atteindre le déversoir du...

1 h 35... deuxième lac de Fontargente (6,2 ha) à peine au-dessus de l'autre. À gauche, vous pouvez atteindre en une vingtaine de minutes le port de Fontargente (ou d'Inclès) à 2 262 m sur la frontière franco andorrane. Sinon, passez à droite de ce lac, doublez un ancien pluviomètre et prendre le sentier le plus haut au-dessus. Passez une petite crête et dominez le troisième lac. Descendez un peu.

1 h 40 Longez le troisième lac et 3 minutes après doublez un laquet (le quatrième) pour parvenir à un petit col qui ouvre la vue sur la vallée de l'Aston et sur le Pla de Laspeyres.
Descendre sur un sentier bien visible dans les éboulis qui occupent un couloir. Sur le plat en dessous, traversez vers la gauche une zone humide. Le sentier ensuite contourne le Pinet et à flanc domine la vallée de la Coume de Varilhes. Il descend petit à petit jusqu'au ruisseau où le balisage indique qu'il faut monter un peu pour aller chercher...

2 h 20... la passerelle en bois. Prenez au-dessus une sente de vache qui descend rive gauche de la vallée. Sur le Pla de Laspeyres, suivez bien les balises pour éviter les écueils humides.
Vous traverserez le torrent de l'Aston sur une passerelle métallique pour atteindre juste au-dessus...

3 h 00... le parking du Pla de Laspeyres.

N
1 000 m
passerelle metallique
D
1 699 m
Plat des Peyres
cabane de Garsan
Jasse de Pinet
passerelle
refuge de la Ruhle
passerelle
Pinet
2 075 m
ruisseau de l'Estagnol
GRT 66
2 099 m
étangs de Fontargenta
l'Estagnol
PIC FOURACDE 2 675 M
PIC DE RULHE 2 783 M
PIC DE FONTARGENTA 2 682 M
GRT 66
A
port de Fontargente (el port d'Incles)
PIC NÈGRE DE JOCLAR 2 627 M
étang de Joclar
GRT 68
collada de Juclar
étangs de l'Albe
estanys de Juclar
PIC D'ESCOBES 2 779 M
ESPAGNE

18

ESTAGNOL ET ÉTANG DE JOUCLAR

Le massif de l'Aston regorge de vallées en étoile où chacune héberge une ou plusieurs étendues d'eau. Comme les étangs voisins de Fontargente, ceux de Joclar côtoient la frontière andorrane. Le premier, l'Estagnol, qui voudrait dire petit étang, s'étend quand même sur une superficie de 3,4 hectares dominé par les contreforts massifs du pic de Rulhe (2783 m) et le pic noir de Joclar qui porte bien son nom. Entre les deux, comme une grande marche d'escalier, une falaise de deux cents mètres sépare l'Estagnol du grand lac de Joclar (6,1 ha). Ici à 2327 m d'altitude, le décor est plus minéral avec vraiment une ambiance de haute montagne. Vous remarquerez les balises blanches et rouges du GR Transfrontalier. Aujourd'hui lieu de passage des randonneurs, il fut, comme dans chaque vallée en contact avec l'Andorre, emprunté par les contrebandiers.

Replat humide de Garsan.

Bloc erratique près de Jouclar.

Vue plongeante sur l'étang de Jouclar.

18

ESTAGNOL ET ÉTANG DE JOUCLAR

- **Accès:** depuis Tarascon-sur-Ariège, prenez la N 20 en direction de l'Andorre. Après Sinsat, allez à droite en direction des Cabannes. Dépassez Aulos et dans le virage après le pont de la voie ferrée prenez à droite vers Aston que vous traversez par la droite. Après le village, remontez la petite route jusqu'à son terme et aussi la piste qui démarre au-dessus du barrage de Laparan. Garez-vous sur le petit parking aménagé en bout de piste au Pla de Laspeyres.

- **Horaire:**
  2h00 aller
  1h20 retour par le refuge de Ruhle
- **Dénivelé:** 700 m
- **Difficulté:** aucune
- **Cartes:**
  IGN TOP 25 2249 OT Bourg-Madame - Col du Puymorens et 2148 OT Vicdessos
  Rando Éditions 1/50 000e N° 7 Haute Ariège.

Itinéraire (carte p. 67)

0h00 En bout de parking de Laspeyres à 1700 m, suivez la direction du refuge du Rulhe avec le balisage jaune. L'itinéraire traverse quelques passages humides sur le replat herbeux avant de remonter un premier raidillon bien à gauche du torrent.
Vous arrivez à un carrefour de sentiers où vous suivez l'accès au refuge à gauche jusqu'à la...

0h40... cabane de Garsan. Quittez alors la direction du refuge pour partir pratiquement à plat vers le sud dans l'axe de la vallée en suivant des sentes plus ou moins marquées (sans balisage).
À la fin du replat le sentier grimpe un peu sur la gauche. Il traverse un éboulis.
Face à une falaise, l'itinéraire franchit une roche grise facile. Peu après vous rencontrez le GRT (GR transfrontalier) que vous suivez à droite.
Ne traversez pas le ruisseau pour continuer à gauche (poteau) près de d'un tout petit lac.
Vous longez ensuite un autre lac plus grand et tout en longueur (cote 2 099 m). Après avoir franchi le ruisseau vous remontez un petit ressaut.

1h30 Étang de l'Estagnol à 2 122 m. Continuez la découverte en longeant ce lac par la droite toujours en compagnie des balises du GRT.
Vous traversez une zone de gros blocs avant d'attaquer un grand couloir (cône de déjection) où le sentier se déjoue des difficultés par de magnifiques lacets sous le regard du pic Noir de Juclar.

2h00 Étang de Joclar à 2 327 m. Il est possible de faire le tour de ce lac mais la marche est assez pénible et parfois pas trop évidente. Le cadre est sauvage entouré de grands sommets.
Revenir par le même chemin.

Suggestion: atteindre le col de Juclar (2 442 m) sur la frontière franco andorranne pour admirer les deux étangs de Juclar andorrans. Au retour, passer par le refuge du Rulhe.

Ruisseau de l'Aston dominé par le pic du Rulhe.

LA CONTREBANDE

La proximité de l'Espagne et surtout de l'Andorre a favorisé l'activité de la contrebande. Aujourd'hui, la plupart des touristes comme les locaux font « un saut » en Andorre pour ramener un peu d'alcool ou des cigarettes. Pour une grande majorité d'entre eux ils jouent avec les quantités autorisées sans vraiment les connaître. Ils sont tous de ce fait un peu contrebandiers, mais il existe bien un trafic organisé qui touche surtout les cigarettes ainsi que la drogue et les êtres humains.

Autrefois, au milieu du XIXe siècle, un trafic existait entre les deux contrées avec des marchandises parfois inattendues. Outre l'alcool et le tabac, le fer de Rancié était échangé contre de la laine et du sel, le phosphore faisait aussi l'objet de transferts. Le trafic d'animaux (moutons, chevaux) existait aussi dans les deux sens et a perduré assez longtemps. Au début du XXe siècle, les taxes imposées par l'État français sur le tabac ont accentué la contrebande à la fois familiale et professionnelle (bandes organisées). En Ariège, certains montagnards aguerris participaient régulièrement ou occasionnellement à cette activité pour « arrondir les fins de mois ». Le tabac acheté 8 francs était revendu 20 francs. Ils traversaient la frontière de nuit avec une charge de 30 à 40 kg et parfois beaucoup plus. Le contrôle des territoires par les douaniers amenait les passeurs à franchir des cols difficiles rendant la marche périlleuse dans l'obscurité. La confrontation avec les représentants de l'État était parfois inévitable, au mieux le contrevenant perdait la marchandise mais parvenait ainsi à s'échapper. Il y a eu des échauffourées entre les deux parties mais peu de drames excepté un douanier tué en 1922. Des récits parfois exagérés, devenus légendes, sont encore dans les mémoires. Parmi ces montagnards connaissant bien la montagne été comme hiver, certains sont devenus des passeurs pendant la Seconde Guerre mondiale sauvant la vie ainsi de milliers de personnes. Ils sont à tout jamais des héros anonymes.

(Source : Olivier de Marliave *Dictionnaire de l'Ariège*).

Cabane de Garsan avec vue sur le massif de Cabaillères.

Vallée du Mourguillou.

19

ÉTANG DU COMTE

C'est l'exemple parfait de la randonnée facile, ouverte à tous, qui permet de découvrir un site magnifique de montagne. Son nom tire son origine du temps des comtes de Foix à qui il appartenait. D'ailleurs ses truites « étaient réservées à ces seigneurs ». Aujourd'hui, elles font le bonheur de nombreux pêcheurs choisissant parfois de bivouaquer en bordure du lac. L'enchantement est présent tout au long de la vallée du Mourgouillou. Il commence par la magie qui se dégage au pont des Pierres où l'eau, les arbres et la roche sont en parfaite communion. Il se poursuit sur l'ancien chemin parfois encore dallé (amélioration pastorale du début du XXe siècle), entre les anciennes murettes où les noisetiers comme une ombrelle tamisent les rayons du soleil.

La forêt malmenée pendant des siècles a repris un peu de son honneur et compose un tableau qui ne laisserait indifférent aucun artiste peintre. Lisières de sapins, bosquets de hêtres, bouquets de bouleaux et massifs de rhododendrons. Un décor où les acteurs que sont les vénérables chevaux de Mérens, élégants dans leur robe noire, parcourent en toute liberté. Il n'est pas rare de les croiser. Souvent aux heures chaudes de la journée, ils aiment se prélasser en compagnie de leur poulain à proximité du lac. Ce plan d'eau, je l'ai vu assoiffé avec ses roches rougeâtres qui se dressent au-dessus de l'eau comme l'épine dorsale d'un monstre échoué. Je l'ai vu repu d'un bleu intense ou encore coiffé d'une immense couronne de renoncules aquatiques en fleur, paré pour la fête. L'étang du Comte – qui a vu passer les contrebandiers, les voleurs de bétail et autres randonneurs égarés – a certainement beaucoup d'histoires à raconter. Tendez l'oreille... c'est le clapotis de l'eau qui « comte »...

19

ÉTANG DU COMTE

Étang du Comte.

Itinéraire

0h00 Débutez la randonnée au-dessus et à gauche du parking sur un chemin herbeux fermé par une barrière. Assez vite un sentier grimpe à droite sous les sapins.

0h20 Carrefour du pont des Pierres (1) : continuez à droite afin de traverser le ruisseau du Mourgouillou que vous longez ensuite vers la gauche en compagnie des balises du GR10. À la sortie du bois le sentier s'éloigne de la rivière et monte par petits ressauts en compagnie des gentianes, des bouleaux et noisetiers.

- **Accès :** gagner Mérens-les-Vals sur la N 20 en direction de l'Andorre. Après le village et juste avant la 4 voies, suivez la direction du camping. Devant l'entrée, continuez tout droit sur la route forestière goudronnée au début et empierrée ensuite. Garez-vous sur le parking en bout de piste à 1450 m.
- **Horaire :** 2h15 pour la boucle
- **Dénivelé :** 300 m
- **Difficulté :** aucune
- **Cartes :**
  IGN TOP 25 2249 OT Bourg-Madame - Col du Puymorens et 2148 OT Vicdessos
  Rando Éditions 1/50 000ᵉ N° 7 Haute Ariège et N° 8 Cerdagne - Capcir

0h50 Carrefour (2) près du ruisseau du Mourgouillou à l'entrée d'un replat, laissez à gauche un passage rocheux sur la rivière (il est votre retour). En continuant tout droit, remarquez une ancienne cabane de berger à droite.

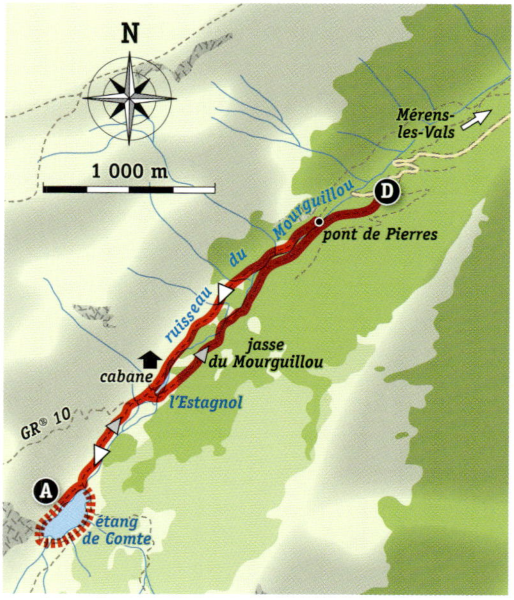

Cabane de la Jasse du Mourguillou.

Doublez un large trou d'eau (Estagnol du Comte) : jetez-y un œil vous apercevrez des truites.

1h00 Laissez à droite le GR 10 qui se dirige vers le refuge du Rulhe.

1h15 Étang du Comte à 1726 m et d'une surface de 3,4 hectares. Il est assez aisé d'en faire le tour.

Pour le retour, vous pouvez faire une boucle en descendant par la forêt sur la rive droite. Pour cela revenez au carrefour (2) traversez la rivière, allez d'abord à droite puis montez sur la crête au-dessus à gauche en suivant bien les balises jaunes. La descente se fait à travers une belle sapinière, un passage traverse une zone humide puis une forêt de hêtres.
Vous rejoignez ainsi le carrefour (1) près du pont des Pierres : tout droit vous descendez prudemment le sentier rocheux pour revenir sur le parking.

LE CHEVAL DE MÉRENS

Sa robe noire et sa longue crinière sont les premiers signes de reconnaissance du cheval de Mérens. Il aime passer l'été sur les pâturages de montagne dans les hautes vallées de l'Ariège d'où il tire sa légendaire rusticité. S'adaptant aux rudes conditions climatiques, il peut vivre annuellement dehors. Il a des origines très anciennes, sa ressemblance avec le cheval peint dans les grottes de Niaux est notable. Le Mérens était utilisé comme animal de bât dans l'agriculture mais aussi par les armées dans les différentes guerres. Appelé tarasconnais avant, c'est en 1866 que ce cheval porte le nom officiel de Mérens. Au début du XXe siècle, quelques éleveurs de ce coin d'Ariège œuvrent pour conserver la race la plus pure possible. L'évolution moderne des transports a bien failli le faire disparaître ; en 1970 on n'en compte plus qu'une quarantaine. Heureusement à partir de ce moment-là, grâce à la passion de quelques éleveurs et l'intérêt pour l'équitation de loisir, la race du cheval de Mérens est sauvée. En 1985, on en compte près de 4000 et il s'exporte un peu partout en Europe et aussi à la Réunion. Tous les ans, au mois d'août, le concours national du cheval de Mérens se déroule à Bouan (Haute Ariège) durant trois jours où se côtoient élevages, spectacles et concours. Vous le croiserez certainement lors de vos randonnées et particulièrement en Ariège.

Chevaux de Mérens près du lac.

20

ÉTANGS DE SISCA ET PÉDOURRÈS

Ancien barrage du Sisca.

Au-dessus de L'Hospitalet-près-l'Andorre, deux vallées jumelles permettent en passant par la porteille du Sisca de réaliser une superbe boucle autour du pic de Nérassol. La beauté des ruisseaux parfois langoureux parfois vigoureux s'allie à la richesse d'une flore spécifique. Préférez alors la mi-juillet pour profiter du bleu profond de l'iris xiphoïde et des grappes jaunes du lis des Pyrénées ou encore de la swertie, une discrète habitante des lieux humides. À chaque étage sa flore spécifique. Sur le haut, le ruisseau du Sisca se prélasse en de jolis méandres entrecoupés de petites cascades sous l'œil bienveillant de l'ancienne cabane de berger de la Vésine, maintenant restaurée. Au cœur du cirque, l'étang discret du Siscar se signale par une petite tour, vestige d'un ancien barrage. Tout en longueur et flanqué d'une île, il s'étire tranquillement dans la pelouse, dominé par de nombreux sommets hérissés sur la frontière avec l'Andorre. D'autres petits lacs se cachent dans les replis du relief. Avec votre soif de découverte, vous passerez la porteille du Sisca pour aller voir la vallée du Pédourrès qui n'a rien à envier à la précédente. Aucune difficulté de marche n'entrave ce circuit devenu, désormais, un grand classique.

L'étang du Sisca dans son écrin de montagnes.

Sylvie au-dessus du Sisca.

ÉTANGS DE SISCA ET PÉDOURRÈS

- **Accès:** depuis Ax-les-Thermes, rejoignez L'Hospitalet-près-l'Andorre par la N 20. Après le rond-point, virez à gauche pour traverser la voie ferrée puis prenez la rue à droite de l'hôtel. Traversez ainsi le cœur du village. Passez le pont sur la voie ferrée et garez-vous sur le parking aménagé à droite sous la N 20.
- **Horaire:**
  2h30 pour l'étang du Sisca
  5h20 pour la boucle
- **Dénivelé:**
  750 m pour l'étang
  1000 m pour la boucle
- **Difficulté:** aucune
- **Cartes:**
  IGN TOP 25 2249 OT Bourg-Madame - Col du Puymorens
  Rando Éditions 1/50000e N° 7 Haute Ariège

HYDROÉLECTRICITÉ À L'HOSPITALET-PRÈS-L'ANDORRE

Au printemps, l'eau de fonte de neige des vallées du Siscar et de Pédourrès (y compris celle de l'étang du Couart), est turbinée une première fois dans la centrale de L'Hospitalet (1500 m) et en même temps envoyée grâce à des turbines-pompes dans le barrage du Lanoux à 2213 m d'altitude (le plus grand barrage des Pyrénées d'une capacité de 70 millions de m^3) pour y être stockée en période creuse. Ensuite elle est à nouveau turbinée dans la centrale de L'Hospitalet puis celles de Mérens et Aston avant de retrouver le lit de l'Ariège où elle est encore utilisée 4 fois dans le département. La seule centrale hydroélectrique de L'Hospitalet utilise 23 km de galeries et 4 km de conduites forcées pour une production de 96,4 GWh représentant la consommation annuelle de 43000 habitants.

Itinéraire

0h00 Au fond du parking, passez sous la N 20 et prendre en face le sentier GRT68 dans un couloir herbeux sous le câble de la ligne à haute tension en direction du refuge du Rulhe (1450 m) (balisage jaune). Le sentier part en traversée avant de monter entre les bouleaux et les noisetiers vers le nord-ouest puis l'ouest en passant deux fois sous une conduite d'eau noire. Après un ressaut vous rejoignez le ruisseau pratiquement à plat.

0h50 À la bifurcation après le pont de pierre (1) (1740 m), allez à gauche dans la vallée du Siscar. Le sentier parfois dallé double une ruine, traverse des zones humides et s'élève petit à petit.

1h25 Passez un petit pont de pierre après un portillon métallique.
Après une zone humide, vous changez de rive sur un autre petit pont de pierre.

1h50 Barrage et lac de la Jasse del Forn (2020 m) que vous contournez par la droite. Au-dessus, le vallon du Sisca s'élargit et s'adoucit. Le ruisseau fait de jolis méandres.

2h15 Vous parvenez à la cabane de la Vesine (2100 m) (ouverte 6 à 8 places). Au-delà, vous franchissez un ressaut fait de gros éboulis. En haut, vous voyez l'étang du Sisca et son barrage en pierre ruinée et une petite tour.

2h40 Étang du Sisca, à 2189 m avec une surface de 4,5 hectares et flanqué d'un barrage en pierre ruiné qui porte une tour carrée sur un côté (abri). L'étang du Sisca se prélasse au fond d'un vaste cirque entouré par les sommets massifs comme le pic de la Cabaneta (2847 m), du pic d'Escobes (2779 m) et de son Cylindre (2660 m).

Redescendez par le même chemin où complétez votre randonnée par une boucle qui passe par la porteille du Sisca (2443 m) et qui redescend par la vallée de Pédourrès. Circuit balisé qui rejoint le premier pont en pierre. Comptez 5h30 pour la boucle en tout.

Un peu avant le lac du Sisca une sente balisée en jaune se dirige à droite vers le col bien marqué au nord-est. Avant les éboulis, virez encore à droite pour atteindre un col secondaire à l'est. Vous trouvez un sentier bien marqué qui après quelques lacets traverse à flanc vers le nord.

3h10 Porteille du Sisca à 2440 m entre le pic de Regalecio et le pic de Nérassol (accessible en

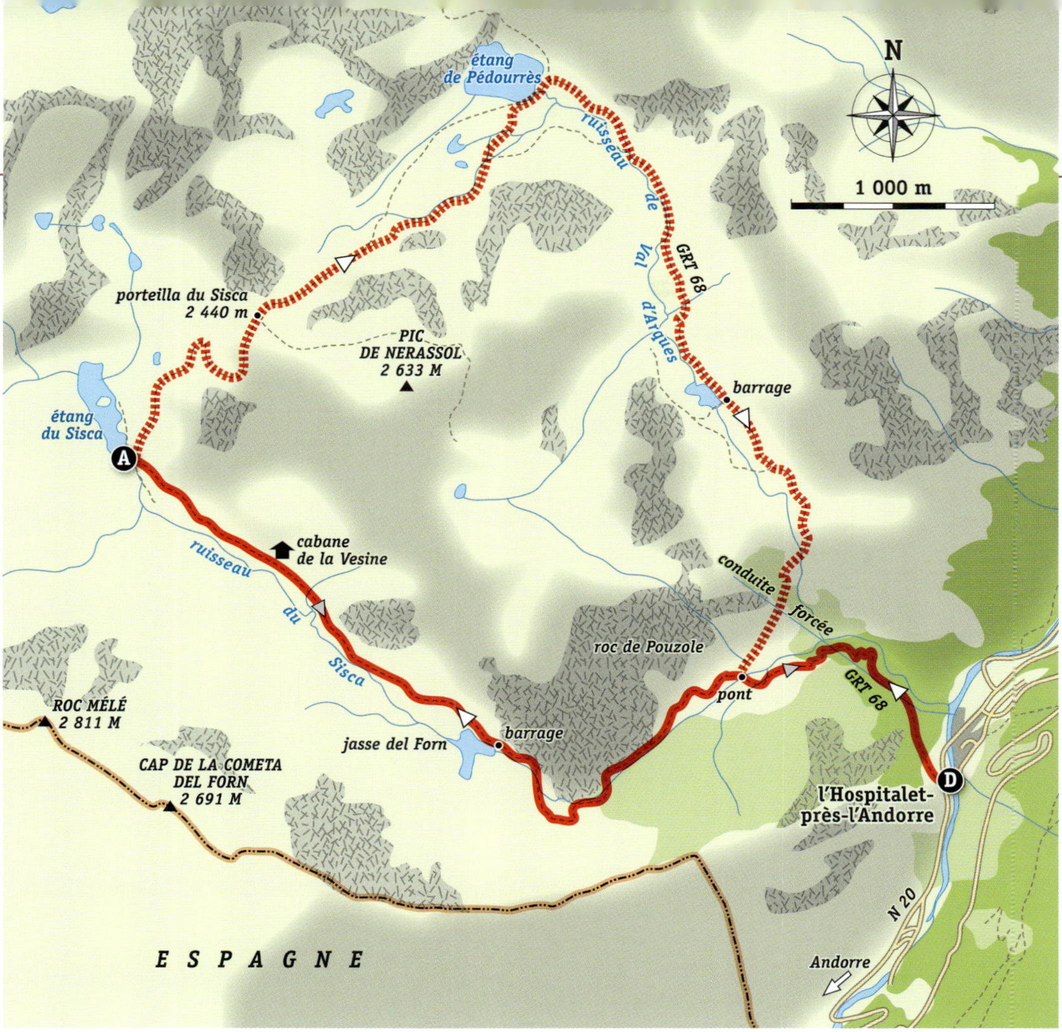

30 minutes environ). Descendez maintenant dans l'autre vallée par quelques lacets puis tout droit dans le vallon. Vous longez ensuite un ru. Après un replat fermé par une murette, abandonnez alors le ruisseau pour aller à droite. Le sentier descend ensuite sur une croupe couverte de bruyère. Poteau métallique et gros cairn: continuez vers le lac.

3h50 Étang de Pédourrés. Traversez le barrage puis prenez en descente le sentier qui suit plus ou moins le ruisseau (balises GRT). Le sentier musarde longuement rive gauche du torrent riche en jolies petites cascades.

4h20 Passez le barrage du Val d'Arques et descendez en palier. Traversez le ruisseau de Pédourrès sur un pont de pierre à 1822 m. Le sentier d'abord dallé traverse ensuite à flanc et passe sous la conduite forcée.

4h50 Vous retrouvez le premier petit pont de pierre à 1740 m et le chemin de l'aller.

5h20 Parking de L'Hospitalet.

Iris des Pyrénées.

21

ÉTANGS DES BÉSINES ET DES MOULSUT

Il faut faire au moins une fois dans sa vie de randonneur la visite des étangs de Moulsut. Pour cela, vous gagnerez d'abord le lac des Bésines qui est déjà un site remarquable et dépasserez le joli refuge du même nom. Les Moulsut, à l'aplomb bienveillant du Puig Pedrós, sont deux perles à la couleur lagon. Le charme est là, à tout point de vue, il n'y a rien à ajouter dans ce jardin de montagne, les quelques pins à crochets promettent un peu d'ombre pour que la détente au bord de l'eau soit la plus agréable possible.
La marche d'approche assez facile, en balcon au-dessus de la vallée de l'Ariège, est vraiment intéressante. Le sentier est même plutôt sympa à travers une forêt aux différentes essences de résineux plantée sur ces pentes raides pour protéger des avalanches la route nationale en contrebas. En complément, la végétation riche sur ce versant vous offre, à la bonne saison, de beaux bouquets de lis des Pyrénées et de grandes gentianes jaunes, quelques lis martagon et de grands massifs de rhododendrons. Ici la nature est généreuse et la montagne accueillante.

LE DESMAN DES PYRÉNÉES

Il n'y a pas plus étrange que ce petit mammifère qui vit dans les cours d'eau de montagne jusqu'à 2500 m. Il ressemble à une musaraigne avec un nez en trompette. Cet insectivore poids plume ne pèse pas plus de 70 grammes et se nourrit d'invertébrés ou de larves aquatiques. Il ne les trouve que dans une eau très pure, en ce sens il est un très bon indicateur écologique. Il chasse sous l'eau et repère ses proies à l'aide de son museau. Il les sent mais ne les voit pas car il est pratiquement aveugle. Solitaire, il niche dans de petites cavités hors de l'eau sous les berges des rivières. Peu répandu, on le trouve sur les deux versants des Pyrénées, dans les monts Cantabrique et au nord du Portugal. Souhaitons que les Pyrénées restent un havre de paix pour garder ce petit animal unique.

Refuge des Bésines.

Jasse du Pla des Bésines

Moulsut du bas.

- **Accès:** par la N 20, atteignez L'Hospitalet-près-l'Andorre. Après le rond-point, prenez à gauche vers le centre et continuez sur la route N 22. Garez-vous dans la troisième épingle (1536 m).
- **Horaire:**
  3h15 aller
  2h10 retour
- **Dénivelé:**
  600 m au refuge
  + 100 m pour les Moulsut
- **Difficulté:** aucune
- **Cartes:**
  IGN TOP 25 2249 OT Bourg-Madame - Col du Puymorens
  Rando Éditions 1/50000e N° 7 Haute Ariège

Moulsut au pied du Puig Pedrós.

Itinéraire

0h00 Engagez-vous sur le chemin qui démarre à l'extérieur du virage et passez un portillon.
À la première fourche, poursuivez à droite: vous êtes sur le GR107. À la seconde flanquée d'un poteau indicateur, continuez tout droit (variante du GR107 balisé en blanc et rouge). Le chemin progresse à flanc bien au-dessus de la vallée de l'Ariège. Il traverse une forêt d'essences diverses plantées pour éviter les avalanches sur la N 20.

0h45 À la sortie de la forêt, descendez un peu tout en virant doucement vers l'est dans la Jasse Bessateil.

1h05 Traversez le ruisseau de Bessateil et, après un replat herbeux, entrez dans une forêt clairsemée de pins à crochets.
Après une courte descente, vous traversez une zone anciennement aménagée pour les travaux hydroélectriques: allée bétonnée, escaliers et plates-formes.

1h30 Vous mettez les pieds sur un chemin plat

Moulsut du haut.

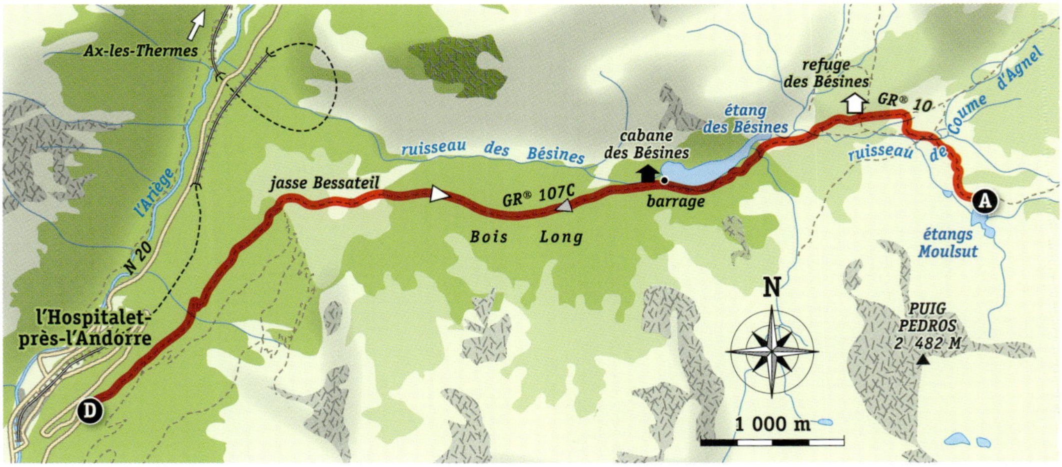

(ancienne voie ferrée) que vous suivez sur un bon kilomètre vers la gauche. Avant le lac, doublez un vieux refuge (à gauche) puis une cabane fermée (à droite).

1h50 Au niveau du barrage de l'étang des Bésines, poursuivez par la droite. Après le lac, traversez un ruisseau à plusieurs branches et contournez par la droite un grande jasse marécageuse. Puis vous enjambez le torrent de Coume d'Agnel sur une passerelle en bois. À gauche le sentier monte en lacet.

2h30 Refuge gardé des Bésines. Poursuivez sur le GR10 en descendant d'abord sous le refuge ; ensuite remontez vers l'est. Vous rejoignez ainsi le ruisseau de la Coume d'Agnel.

2h45 Quittez le GR10 pour traverser ce ruisseau et suivre vers le sud une trace sur un replat qui se dirige à gauche d'un éboulis de grosses roches. Le sentier passe un premier ressaut puis un autre.

3h15 Étangs de Moulsut dominés par les à-pics du Puig Pedrós. La couleur bleu lagon de l'eau apporte à ces lieux une précieuse touche d'une rare beauté. L'endroit est propice au repos.
Revenez par le même chemin.

Suggestion : étang de Soula Coulomé depuis le refuge.

22

ÉTANG D'AYGUE LONGUE

La vallée de l'Oriège recèle quelques sites montagnards de très belle facture qui en font une des plus riches de la Haute Ariège. L'attention des randonneurs se porte souvent sur la réserve de faune et un certain nombre d'étangs (décrits dans ce guide) et moins sur la vallée d'Orgeix. Pourtant cette dernière abrite un très beau lac qui a tous les atouts pour plaire. Placé au cœur d'un joli petit cirque dominé par le pic de l'Homme et une série de pointes rocheuses effilées des pics de la Girouneille et d'Aygue Longue parcourues de temps à autre par le vol d'un vautour fauve ou d'un gypaète. Sur le parcours, au-dessus de la cabane de la Coume, dans la pelouse de chaque côté du ruisseau, n'oubliez pas d'observer quelques familles de marmottes. Ici, elles sont vraiment sauvages et ne se laissent pas approcher.

L'étang et le pic d'Aygue Longue.

Étang d'Aygue Longue.

ÉTANG D'AYGUE LONGUE

- **Accès:** à la sortie d'Ax les-Thermes, en direction d'Andorre et avant le pont sur l'Oriège virez à gauche sur la D 22 vers Orlu et rejoindre Orgeix. Traversez ce village et à la sortie, prenez à droite le pont de pierre pour suivre la route forestière jusqu'à son terme en dépassant une ancienne colonie et une cabane. Garez-vous, sur l'emplacement en bout de piste (après un parc de contention).
- **Horaire:**
  2h00 aller
  1h30 retour
- **Dénivelé:** 700 m
- **Difficulté:** aucune
- **Cartes:**
  IGN TOP 25 2249 OT Bourg-Madame - Col du Puymorens
  Rando Éditions 1/50 000e N° 7 Haute Ariège

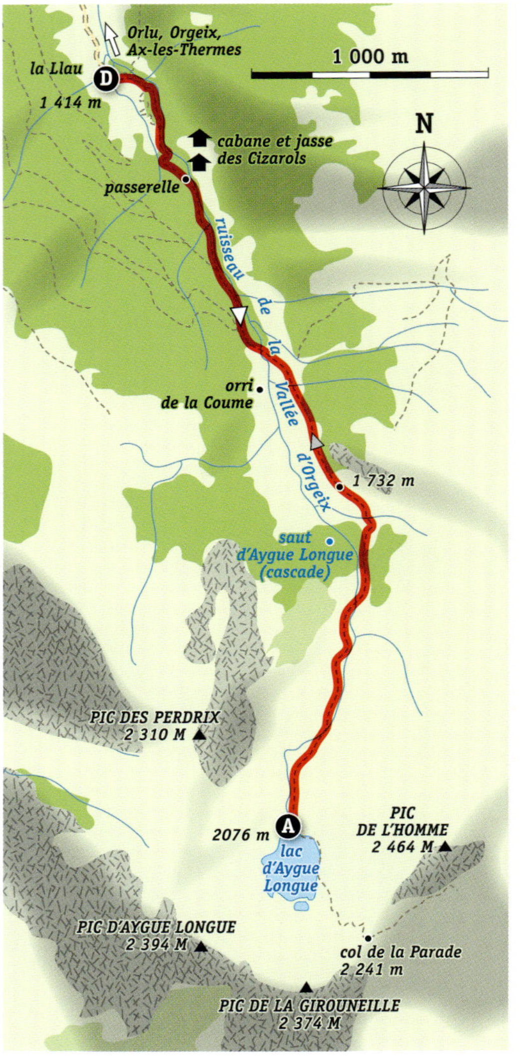

Itinéraire

0h00 Suivez le balisage jaune sur un chemin forestier fermé à la circulation. Près de la forêt dans un virage, le balisage part à gauche dans la forêt. Un peu plus loin, laissez à gauche le vieux pont de la Jasse de Cizarols tout en longeant plus ou moins la rivière. Plus haut, continuez sur un ancien chemin à gauche avant de reprendre un sentier entre les arbres. Il mène sur la piste forestière près de la sortie de la forêt: allez à gauche.

0h40 Petite cabane de la Coume (fermée), tout droit, passez le ruisseau (2 traverses de chemin de fer) pour monter à droite en oblique vers le sud. Le sentier passe à flanc. Il traverse ensuite plusieurs ruisselets sous les falaises rocheuses. Plus haut, il franchit un promontoire rocheux (1858 m) et s'enfonce dans le vallon vers le sud.

1h30 Captage du ruisseau. Le sentier continue à droite du ruisseau et traverses quelques replats humides avant d'attaquer en lacet une pente morainique. Au-dessus sur un replat herbeux se trouvent les ruines d'un orry au pied d'un éboulis. Vous vous approchez de nouveau du ruisseau.

Troupeau de vaches gasconnes au repos à la Coume.

2h00 Aygue Longue à 2076 m: étang superbe enchâssé au fond d'un petit cirque dominé par le pic d'Aygue Longue et le pic de la Girouneille.

Suggestions: continuer sur le col de la Parade (+ 25 minutes) et l'étang Tort ou le pic de l'Homme (2464 m) 3h10 en tout.

Nouvelle cabane de la Coume.

23

EN BEYS

La réserve d'Orlu possède nombre de lacs dans toutes ses vallées et ses recoins à des hauteurs très différentes dont certains demandent de gros efforts pour y parvenir. Le bassin d'En Beys en est le plus accessible et permet de se régaler d'une très belle journée de randonnée. La marche d'approche rencontre un grand succès grâce notamment à la possibilité de voir des isards et des marmottes dans un cadre montagnard de toute beauté. En gros, vous allez remonter la vallée de l'Oriège; d'un torrent tumultueux en partie basse, il devient de plus en plus effilé au fur et à mesure de la progression. Le passage d'un petit col permet la découverte de l'étang d'En Beys dans une haute vallée dominée par les murailles des Piques Rouges à gauche et le pic effilé d'En Beys à droite, les pics de la Grave et de l'étang Faury complètent la toile de fond. Proche du lac, le refuge d'En Beys accompagne bien le succès de cette réserve de faune et de par sa position centrale permet de boucler de nombreuses randonnées avec les autres vallées lacustres voisines de la Haute Ariège, du Capcir et de la Cerdagne.

Gasconne au collier peint et marmotte dans les roches.

LA RÉSERVE NATIONALE DE FAUNE D'ORLU

Située sur la commune d'Orlu, elle entoure la vallée d'En Beys et la partie orientale de la vallée de Naguille jusqu'aux crêtes des Pyrénées-Orientales (pics de Baxouillade, Mourtès et Porteille d'Orlu). D'une surface de 4250 ha, elle évolue entre 930 m et 2765 m (pic de la Grande Porteille d'Espagne) d'altitude englobant ainsi plusieurs lacs (En Beys, Faury, les étangs de la Grave et Baxouillade). Elle est créée à l'origine en 1947 par Burrus, propriétaire de ce territoire. Maintenant propriété du Syndicat intercommunal forestier et pastoral d'Orlu et d'Orgeix, elle devient Réserve nationale de chasse en 1981. Du fait de son intérêt patrimonial, elle est classée en Réserve nationale de chasse de faune sauvage en 1998, gérée par l'ONFCS et présidée par le préfet de l'Ariège. Elle est chargée de protéger par un suivi régulier la faune emblématique des Pyrénées: l'isard (800 individus environ), le grand tétras, le lagopède, la perdrix grise, le gypaète barbu, l'euprocte et le desman des Pyrénées. L'ONFCS contribue ainsi à une meilleure connaissance de ces espèces et à leur gestion durable.

Étang d'En Beys dominé par les pics de la Grave.

23

EN BEYS

- **Accès:** à la sortie d'Ax-les-Thermes en direction d'Andorre, juste avant le pont tournez à gauche sur la D 22, traversez les villages d'Orgeix et Orlu. Après la centrale hydroélectrique et juste avant les Forges d'Orlu, remontez à gauche la petite route sur 4 km jusqu'au parking de Caralp 1100 m (payant en été).
- **Horaire:**
  3h10 aller
  2h00 retour
- **Dénivelé:** 850 m
- **Difficulté:** aucune
- **Cartes:**
  IGN TOP 25 2148 ET Ax-les-Thermes et 2249 OT Bourg-Madame - Col du Puymorens
  Rando Éditions 1/50 000e N° 7 Haute Ariège
  Refuge d'En Beys: réservation au 05 61 64 24 24.

Itinéraire

0h00 En bout du parking, ignorez la petite route fermée par une barrière pour bifurquer à droite afin de traverser la passerelle qui enjambe les eaux vives de l'Oriège. Un chemin remonte ce vallon sous de gros hêtres au départ avant de longer la rivière. Après dix minutes, vous parvenez sur autre chemin que vous suivez à droite. La rumeur du torrent vous accompagne un long moment.

0h30 Après un virage vous longez une grande clairière: la Jasse de Justiniac. Dans l'épingle suivante laissez l'accès aux étangs de Baxouillade à gauche (voir randonnée n° 24) pour continuer sur la piste à droite avec le GR 7.

0h50 Cabanes et corral d'En Gaudu à 1377 m. Poursuivez sur la piste qui traverse maintenant un grand et large replat herbeux souvent occupé par un troupeau de vaches gasconnes et par une colonie de marmottes: plutôt sur le versant à gauche.

1h20 Au bout quand la vallée se referme, quittez la piste pour le sentier à gauche qui rapidement franchit l'Oriège sur une grande passerelle. La progression se fait désormais sur la rive droite et dans la forêt de hêtres.

1h50 Au-dessus de la forêt, le pas de Balussière: replat encombré de roches au pied d'un cirque. Le sentier remonte sur la gauche par un jeu de lacets à travers un parterre de rhododendrons et de bouleaux un peu plus haut. Vous doublerez une source.

L'ensemble montagnard du bassin d'En Beys.

2h25 Bifurcation (borne de la réserve) 1790 m : les deux itinéraires mènent au même endroit près du lac d'En Beys. Choisissez plutôt celui de gauche qui monte plus régulièrement. Il traverse des éboulis et, à flanc, atteint plus haut un ancien canal en pierre.

3h00 Un col qui s'ouvre sur le bassin d'En Beys. Descendez un peu pour le contourner sur la droite afin d'atteindre…

3h10… le refuge d'En Beys (1970 m) (50 places, réservation au 05 61 64 24 24).
Maintenant profitez du site et allez découvrir les autres étangs. L'étang du Gaudet tout proche à droite du refuge et un peu en contrebas. Pour les autres, il faut longer le grand étang d'En Beys pour atteindre le fond de vallée où reposent de petits étangs bien sympathiques.

Lac du Gaudet non loin du refuge.

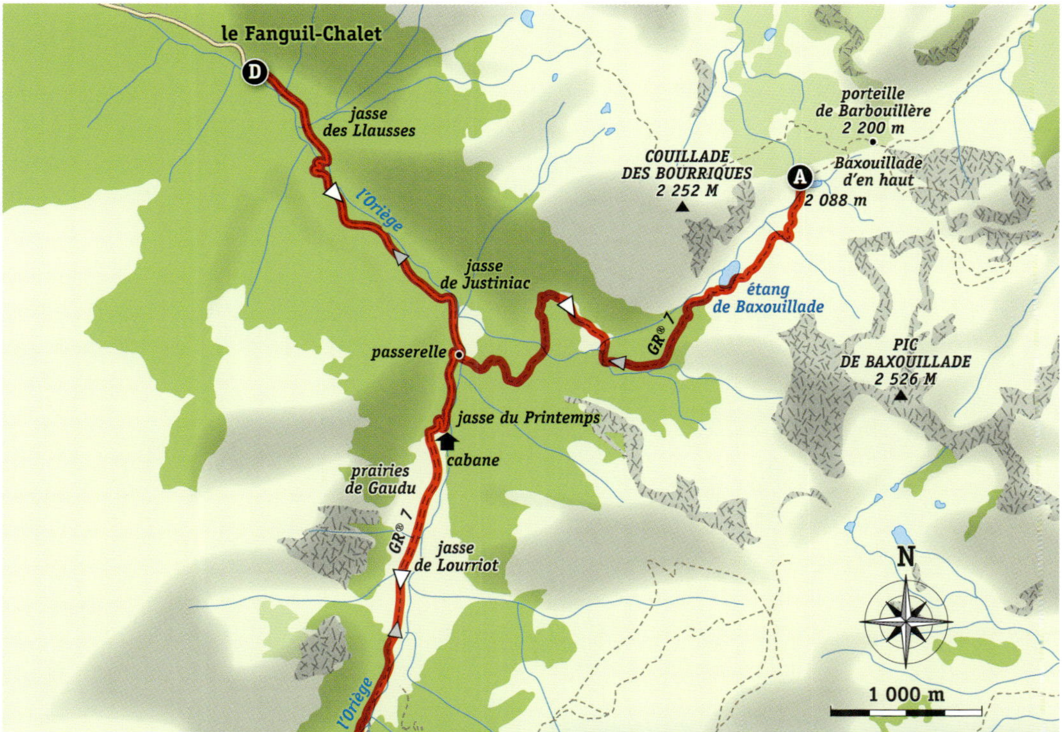

Refuge d'En Beys.

24

BAXOUILLADE

Comme pour l'étang d'En Beys, nous sommes ici au cœur de la Réserve nationale de faune d'Orlu mais dans l'axe le moins fréquenté. Un secteur de la vallée moins connu qui permet de faire de belles rencontres. Dans ce cadre plus sauvage, les isards sont souvent présents sur les pentes protégées des sommets alentour, mais l'aigle, les vautours fauves ou le gypaète barbu pourront aussi accaparer votre regard. N'oubliez pas de remarquer et d'admirer une flore abondante et variée comme le lis des Pyrénées, l'arnica ou les différentes gentianes jaunes ou bleues.
La marche d'approche est vraiment contrastée avec un départ tranquille sur la piste suivie par une belle montée en lacet dans la hêtraie. Après la forêt, le cheminement en balcon évolue par paliers au milieu des rhododendrons et des pieds de myrtilles. De jolis méandres habités par les truites et certainement le desman des Pyrénées annoncent le premier lac, le plus grand des deux avec une surface de 1,5 ha. À vous de voir si vous poursuivez au-delà pour gagner le second qui ouvre une vue plus ample sur la réserve d'Orlu. Au pied de sommets importants comme le roc Blanc et les pics de Baxouillade, les deux étangs remarquables baignent dans une ambiance vraiment montagnarde où il est bon d'y passer du temps.

Étang de Baxouillade du haut.

Jasse sous l'étang de Baxouillade du bas.

BAXOUILLADE

- **Accès:** à la sortie d'Ax-les-Thermes en direction d'Andorre, juste avant le pont tournez à gauche sur la D 22, traversez les villages d'Orgeix et Orlu. Après la centrale hydroélectrique et juste avant les Forges d'Orlu, remontez à gauche la petite route sur 4 km jusqu'au parking de Caralp 1100 m (payant en été).
- **Horaire:**
  3h aller pour le premier lac (retour 2h)
  + 0h30 pour le second (retour 0h20)
- **Dénivelé:**
  800 m pour le premier lac
  1000 m pour le second
- **Difficulté:** passages raides
- **Cartes:**
  IGN TOP 25 2148 ET Ax-les-Thermes et 2249 OT Bourg-Madame - Col du Puymorens
  Rando Éditions 1/50 000e N° 8 Cerdagne - Capcir

Itinéraire (carte p. 91)

0h00 En bout du parking, ignorez la petite route fermée par une barrière pour bifurquer à droite afin de traverser la passerelle qui enjambe les eaux vives de l'Oriège. Un chemin remonte ce vallon sous de gros hêtres au départ avant de longer la rivière. Après dix minutes, vous parvenez sur autre chemin que vous suivez à droite. La rumeur du torrent vous accompagne un long moment.
Après un virage vous longez une grande clairière: la Jasse de Justiniac. Dans l'épingle suivante laissez l'accès à En Beys à droite (voir randonnée n° 23) pour continuer sur la piste avec le GR 7.

0h40 Au fond de celle-ci quand la piste effectue une épingle à droite prenez alors à gauche pour traverser l'Oriège et suivre le GR7.
C'est une longue montée en lacets réguliers qui permet d'arpenter la forêt de hêtres. Sur le haut c'est une traversée vers la gauche où le sentier rejoint le torrent.

1h30 Pont en béton: une petite descente fait suite avant de traverser une clairière bordée de bouleaux. De nouveau, l'itinéraire se hisse sous les hêtres un petit moment avant de poursuivre dans un parterre d'herbe et de roches.

2h00 Avant de traverser le ruisseau remarquer sur la gauche l'abri-sous-roche. Traverser le torrent sur de larges pierres plates ou sur la petite passerelle un peu plus haut. La suite se fait progressivement dans un mélange de bouleaux, de sorbiers et de pieds de myrtilles.
Quand le sentier se rapproche du torrent il fait un écart sur la droite. Il traverse ensuite un replat humide puis plus haut longe quelques instants les courbes du ruisseau.
Un ressaut rocheux oblige à grimper de grandes marches pour enfin accéder au...

3h00... premier étang de Baxouillade: le plus grand des deux. Un peu sombre et encaissé sous les pentes altières des pics aux alentour. Poursuivez à droite pour le contourner sur de larges pierres avant de grimper dans la pelouse pointée de quelques roches. Après une mare, franchissez une petite crête puis un ru en poursuivant toujours vers le nord-est.
Maintenant vous franchissez le ruisseau déversoir avant d'effectuer une dernière grimpette.

3h30 Le petit étang est là à 2088 m d'altitude au pied du couloir qui monte au roc Blanc à droite. L'eau est claire et peu profonde; il vous invite à vous poser et à prendre les jumelles pour chercher les isards souvent nombreux sur les pentes à l'ombre.
Le retour se fait par le même chemin.

LE GYPAÈTE BARBU

Cet oiseau magnifique à la silhouette effilée (envergure moyenne de 2,60 m) et à la queue sombre cunéiforme est un charognard hyperspécialisé. Son régime alimentaire particulier est à base d'os prélevés sur les carcasses d'animaux après le passage des vautours fauves. Quand un de ces os est trop gros il le lâche en vol, sur un pierrier, pour le casser (il faut parfois des dizaines de tentatives avant d'y parvenir). C'est pour cette raison que nos voisins espagnols l'appellent «quebrantahuesos» (casseur d'os). 44 couples sont présents sur le versant français des Pyrénées (11 dans les Pyrénées-Atlantiques, 13 dans les Hautes-Pyrénées, 3 en Haute-Garonne, 9 en Ariège, 2 dans l'Aude et 6 dans les Pyrénées-Orientales) soit 22 % de l'effectif total du massif.

Lac du haut.

Le grand lac de Baxouillade.

25
ÉTANG DE LAURENTI

Le canton du Donezan, drapé au fin fond de l'Ariège en bordure de l'Aude et isolé par la barrière du col de Pailhères (2001 m), est appelé le Québec des Pyrénées ariégeoises pour ses grandes étendues de pins et de sapins où se dissimulent quelques lacs de toute beauté. L'étang de Laurenti, la merveille du Donezan, le diamant de l'Ariège. Ces mots ne sont pas trop forts pour décrire un des plus beaux lacs de d'Ariège et des Pyrénées. Il est niché au cœur d'un cirque gainé par des crêtes mi calcaires mi granitiques avec le roc Blanc comme étendard. Ses douces rives sont bordées de pins à crochets accueillants qui se mirent dans une eau limpide. Son accès est à la portée de tous mais n'en restez pas là et poursuivez un peu vers le fond de la vallée. Des colonies de marmottes égayent l'itinéraire vers le roc Blanc. La flore y est vraiment exceptionnelle due notamment à la géologie particulière. À la bonne saison, la pelouse se colore de différentes gentianes bleues, d'asters, de gypsophile et de sarriette et les roches se parent de différentes saxifrages. Le relief tourmenté des crêtes et la proximité de la Réserve nationale de faune d'Orlu offrent la possibilité d'apercevoir des groupes d'isards parfois très nombreux à condition de s'éloigner de l'étang. Il ne manque rien à ce tableau pyrénéen.

Arrivée fleurie à l'étang de Laurenti.

ÉTANG DE LAURENTI

- **Accès :** gagnez le Donezan et Mijanès par le col de Pailhères et la D 25. Prenez ensuite la direction de Le Pla et Quérigut. Entre ces deux villages, suivez à droite la piste forestière jusqu'au refuge du Laurenti (portions dégradées). Garez-vous juste après le pont.
- **Horaire :**
1h10 aller
0h50 retour
- **Dénivelé :** 300 m
- **Difficulté :** aucune
- **Cartes :**
IGN TOP 25 2248 ET Axat - Quérigut
Rando Éditions 1/50 000e N° 8 Cerdagne - Capcir

Itinéraire

0h00 Un panneau de randonnée, un autre sur la pêche et une stèle (qui rend hommage aux passeurs de la liberté) sont les signes d'un bon départ vers l'étang de Laurenti. Avec un balisage jaune et rouge, le vieux chemin s'engouffre d'abord tranquille dans la forêt de vieux sapins puis devient rocailleux et se relève un peu avant de passer un premier ressaut rocheux. Ensuite un replat et une petite descente flanquée d'un passage humide annoncent un raidillon dans les roches. Le sentier continue tranquillement dans la forêt.

0 h 40 Une large clairière abrite la cabane restaurée de Counc (1857 m), au-dessus du sentier à droite. Vous traversez ensuite un petit ruisseau pour remonter une belle pelouse. Puis encore un raidillon maillé par les racines des pins à crochets vous hisse sur une autre clairière qui s'ouvre face au roc Blanc (2542 m). Une traversée dans les genêts et des éboulis vous amène un peu au-dessus du lac. Une passerelle en bois enjambe le ruisseau déversoir.

1 h 10 L'étang de Laurenti vous accueille à 1936 m. Profitez longuement des lieux où faire le tour du lac ne pose aucun problème.

Suggestion: quelques marmottes se font entendre... une bonne raison pour poursuivre la randonnée et pour ceux qui le souhaitent atteindre le sommet du roc Blanc (2542 m) (comptez 3 h 10 A/R depuis l'étang de Laurenti).

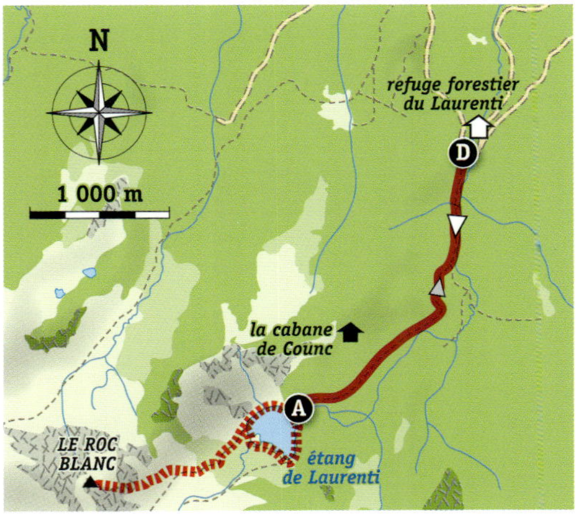

LE DONEZAN

À proximité de l'Aude et des Pyrénées-Orientales (le Capcir), à l'extrême est de l'Ariège, le Donezan est le plus petit canton de ce département. À peine peuplé de 500 habitants, ce territoire est exclusivement montagnard et possède sept villages: Le Pla, Mijanés, Rouze, Artigues, Le Puch, Carcanières et Quérigut. Ce dernier en est le chef-lieu du canton (139 habitants en 2014) qui possède quelques commerces et services publics. Avec la typicité des villages faits de granit et couverts d'ardoise, un riche patrimoine historique est parsemé sur le territoire avec les ruines du château de Quérigut, le chemin Vauban (ou chemin des canons) près de Rouze et surtout les beaux restes du château d'Usson dominant la confluence des rivières de la Bruyante et de l'Aude. La forêt est aussi un élément important du paysage à tel point que l'on attribue à ce canton le surnom de « Québec ariégeois ». Outre les plantations d'épicéa, les essences principales sont le hêtre, le sapin pectiné, le pin sylvestre et surtout le pin à crochets très présent sur les hauts reliefs.

En haut: cabane de Counc.
En bas: l'étang de Laurenti sous le regard du roc Blanc.

26

LACS DE RABASSOLES

L'accès en voiture au col de Pailhères (2001 m) permet de jouir de ces lieux sans difficulté. Le pic de Tarbésou (2364 m) en est le point dominant à proximité. À ses pieds, un petit cirque se déploie sur son versant sud où s'épanouit un florilège de trois magnifiques perles d'eau: les étangs de Rabassoles. L'érosion glaciaire a sculpté ce paysage où la douce influence méditerranéenne engendre une grande richesse florale. Ainsi les étangs Noir, Bleu et Rabassoles, étagés sur trois niveaux, sont magnifiés par la présence de bouquets de pins à crochets, de massif de rhododendrons et de tapis de fleurs. Le passage par le col de la Coumeille de l'Ours à 2180 m en est l'itinéraire le plus facile. Depuis ce col, le regard embrasse déjà un bel ensemble de sommets ariégeois et privilégie surtout la vue sur les trois étangs des Rabassoles en contrebas. La grosse majorité des randonneurs se contentent des deux premiers (Noir et Bleu) que l'on rejoint assez vite en descente. Au retour, il faudra affronter les 200 m de dénivelé depuis l'étang Noir mais vous avez le temps car le parcours n'est pas long. Profitez bien de ces lieux, ils sont vraiment beaux et apaisants.

Étangs Noir et Bleu.

Étang Noir et pic du Tarbésou.

Les trois lacs de Rabassoles.

26

LACS DE RABASSOLES

- **Accès:** depuis Ax-les-Thermes, dirigez-vous vers le col de Pailhères par la D 613, la D 122 puis la D 25. Dépassez la station de ski et un peu avant le col de Pailhères, garez-vous sur le parking aménagé à gauche.
- **Horaire:**
  1h35 aller
  1h30 retour
- **Dénivelé:** 350 m
- **Difficulté:** aucune
- **Cartes:**
  IGN TOP 25 2248 ET Axat - Quérigut
  Rando Éditions 1/50 000ᵉ N° 8 Cerdagne - Capcir

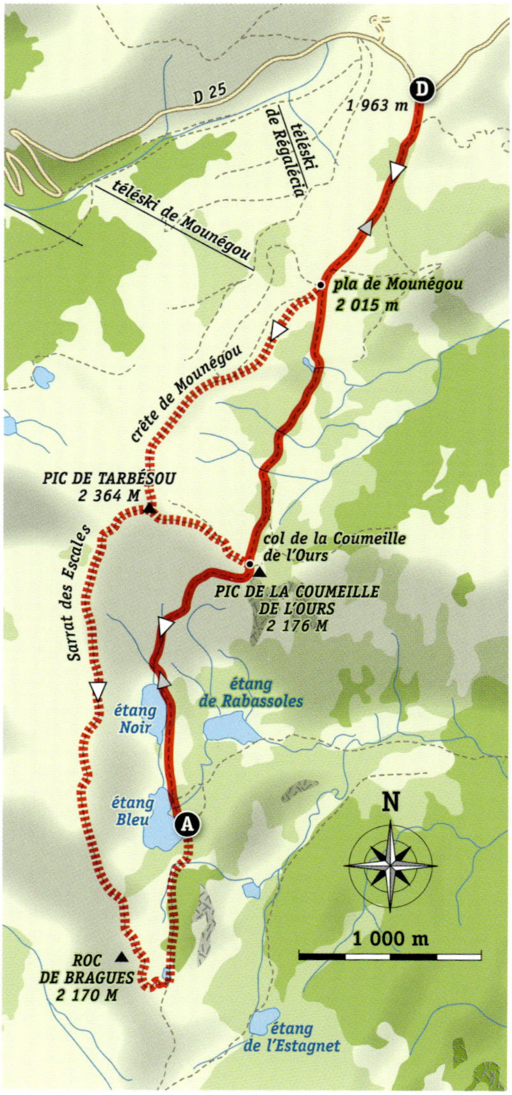

Itinéraire

Si vous partez du Donezan, passez le col de Pailhères et descendez jusqu'au parking qui est à droite.

Traversez la route au-dessus du parking afin de suivre, à plat, une large trace à gauche qui passe entre les pins sur une large crête (Pla de Mounégou). Le balisage blanc et rouge est celui du GR7.

0h15 À la bifurcation de chemin (1), le GR vous indique de continuer à gauche. Un peu plus loin il se poursuit sur un sentier à gauche d'un replat humide (une mare se trouve bien à droite: panneau d'information sur les milieux humides). L'itinéraire navigue à travers les pins à crochets et franchit deux petits ruisseaux. Après le dernier, le sentier se relève un peu et franchit une petite crête. Un col se révèle à vous et vous le rejoignez.

0h50 Col de la Coumeille de L'Ours à 2180 m, maintenant vous avez une vue plongeante sur les trois étangs des Rabassoles.
Descendez en oblique sur le flanc sud du Tarbésou. Le sentier traverse en bas des passages humides. À la bifurcation, vous pouvez rejoindre la rive nord de l'étang Noir à droite, sinon continuez à gauche où le sentier passe un petit ressaut rocheux puis descend un peu afin d'atteindre le déversoir sur la rive sud de...

1h25... l'étang Noir (1970 m). Descendez à gauche du déversoir. Vous atteignez ainsi le lac suivant en contrebas.

1h35 Étang Bleu à 1920 m.

Vous pouvez rejoindre le troisième l'étang des Rabassoles à gauche (0h50 aller et retour) mais il faut penser que vous devez remonter 260 m de dénivelé depuis l'étang Bleu jusqu'au col de la Coumeille de l'Ours pour revenir ensuite au parking (1h30).

Suggestion: (1) boucle balisée par le pic du Tarbésou, la crête (Sarrat des Escales), le roc de Bragues et retour par le GR7.

27

ÉTANG D'APPY

Placé en balcon sur la soulane du massif du Saint-Barthélémy ou massif de Tabe, l'étang d'Appy ne fait pas seulement face au soleil mais déroule aussi un panorama généreux sur la chaîne des Pyrénées ariégeoises tout au long des frontières andorranes et espagnoles. Adoubées par les pêcheurs et de nombreux randonneurs, ses rives sont singulières et accueillantes. Si vous faites le choix de le visiter à la mi-juin, les landes à genêts d'un jaune éclatant vous feront la fête quand timidement les rhododendrons déboutonneront leurs premiers pétales roses. Jetez un œil sur les pentes et sur les crêtes avoisinantes, les mouflons vous observent tranquillement.

L'étang d'Appy face à la chaîne des Pyrénées ariégeoises.

ÉTANG D'APPY

- **Accès :** depuis Ax-les-Thermes, gagnez Luzenac sur la N 20 puis rejoindre Lordat par la D 55. Ensuite par la D 20 (route de la Corniche), dépassez Axiat pour atteindre Appy. Au centre, suivez le fléchage du parking (rue étroite qui élimine les camping-cars) situé au-dessus du village à 990 m. Depuis Foix, gagnez Mercus pour suivre ensuite la route de la Corniche (D 20) en passant par Arnave et Cazenave puis continuez jusqu'à Appy.

- **Horaire :**
  2 h 30 aller
  1 h 15 retour
- **Dénivelé :** 750 m
- **Difficulté :** aucune
- **Cartes :**
  IGN TOP 25 2148 ET Ax-les-Thermes
  Rando Éditions 1/50 000e N° 7 Haute Ariège

Itinéraire

0h00 Au-dessus du parking, passez la porte de la clôture que vous devez refermer. Un chemin herbeux balisé en jaune démarre tranquillement au départ puis en lacet plus raide. Dans un des lacets, laissez à gauche l'accès au rocher d'escalade.

0h25 Passez un portillon métallique après une zone humide. Sur la crête, au-dessus d'un gros pylône, le sentier se dirige vers le nord et franchit une clôture par une chicane.

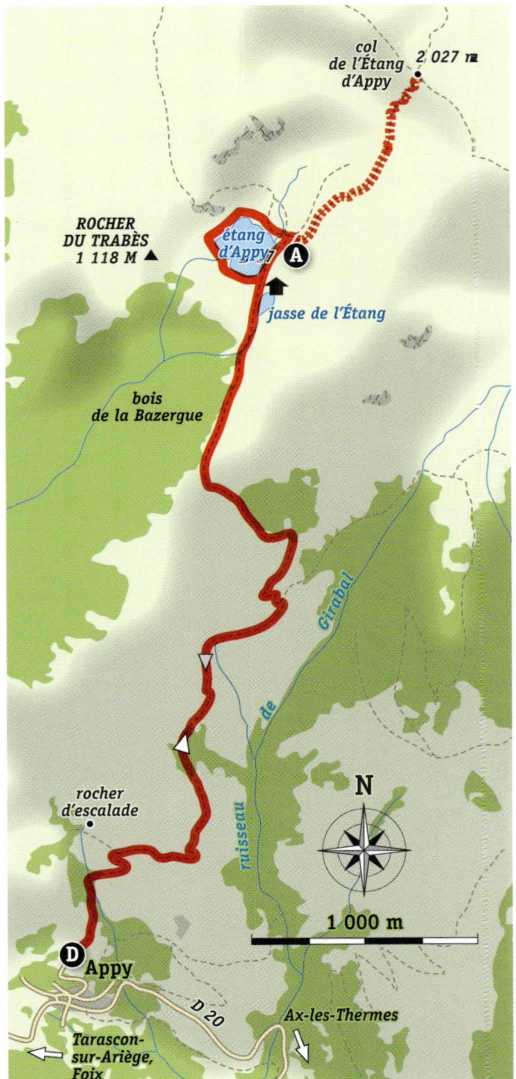

En haut : cabane de l'étang d'Appy.
En bas : l'étang d'Appy et ses genêts jaunes vous accueillent.

ÉTANG D'APPY

Reflet sur l'étang d'Appy.

LE TALC

Le talc est une roche de teinte blanchâtre qui est très douce au toucher. Ce minéral tendre est un silicate de magnésium hydraté, stable et inerte chimiquement qui est surtout utilisé dans l'industrie du papier, dans la peinture et le plastique.
L'unique carrière de talc en exploitation en France et la plus importante au monde se trouve en Ariège sur les contreforts du massif de Tabe (au pied du pic de Soularac) aux environ de 1600 m d'altitude. Son exploitation commence vers la moitié du XIXe artisanalement et s'intensifie rapidement (800 tonnes en 1888 et 13000 tonnes en 1900). Dès 1889 est installé un premier câble (7 km pour un dénivelé de 1100 m) pour descendre le talc aux moulins de Luzenac pour le broyage. La production atteint 50000 t en 1913 avec près de 800 ouvriers dont certains étaient aussi paysans. Avec de 160 employés permanents et plus d'une cinquantaine de saisonniers, l'extraction atteint aujourd'hui 400000 tonnes par an triées ensuite par des techniques de pointe, séchées et conditionnées dans l'usine de Luzenac avant de partir par camions et par trains pour alimenter l'industrie française et internationale. Depuis 2011, le talc de Luzenac est exploité par l'entreprise Imeris. Pour en savoir plus, la carrière se visite : voir avec l'office de tourisme de la Haute Ariège.

0 h 45 Dans un bosquet de hêtres, franchissez une autre clôture.
Plus haut, quelques hêtres couchés ont légèrement dévié le sentier.

1 h 15 Carrefour, l'itinéraire continue à gauche sur le sentier bien marqué qui évolue d'abord en lacet puis rejoint la bordure de la forêt en passant près d'une source qui naît sous un arbre.
Sur un replat, laissez une trace à droite (marqué par une croix jaune) peu visible.
Le sentier se raidit à travers les genêts pour atteindre la crête.

2 h 00 Crête et amas rocheux : le sentier poursuit toujours vers le nord, traverse un plateau.
Une petite descente permet de traverser un ruisseau. Au-dessus, la cabane (petite source à sa droite dans les roches) apparaît près d'une zone humide. À sa gauche, il suffit de franchir le col.

2 h 30 Étang d'Appy à 1734 m : descendez un peu pour atteindre les rives du lac.

Suggestion : montez au col de l'Étang d'Appy (2028 m) pour avoir une belle vue sur le versant du pays d'Olmes. 0 h 45 de montée.

28

ÉTANG DE FONT VIVE

Font Vive fait partie des étangs les plus faciles d'accès mais cela ne gâche en rien le plaisir de le découvrir. Personne ne mettra en doute sa beauté. Il est blotti contre une petite paroi rocheuse couverte de pins qui contraste avec l'autre versant qui remonte en pente douce, couvert de genêts couleur or aux prémices de l'été. L'ambiance est toute particulière et cela tient peut-être au fait que la vue se porte assez loin sur des grands sommets de Cerdagne et du Capcir. Un lieu que partagent souvent les chevaux noirs de Mérens qui apprécient le calme et les belles pelouses vertes des rives du lac. Une belle boucle permet de découvrir les cascades du ruisseau du Lanoux et la partie basse de l'ancien chemin des Ingénieurs. Vous y remarquerez dans les pentes les dégâts sur la forêt provoqués par des avalanches exceptionnelles ces dernières années. De larges traces sans arbres marquent bien le trajet des flots de neiges dévastateurs mais rassurez-vous, en dehors de l'hiver tout est apaisé.

Étang de Font Vive.

ÉTANG DE FONT VIVE

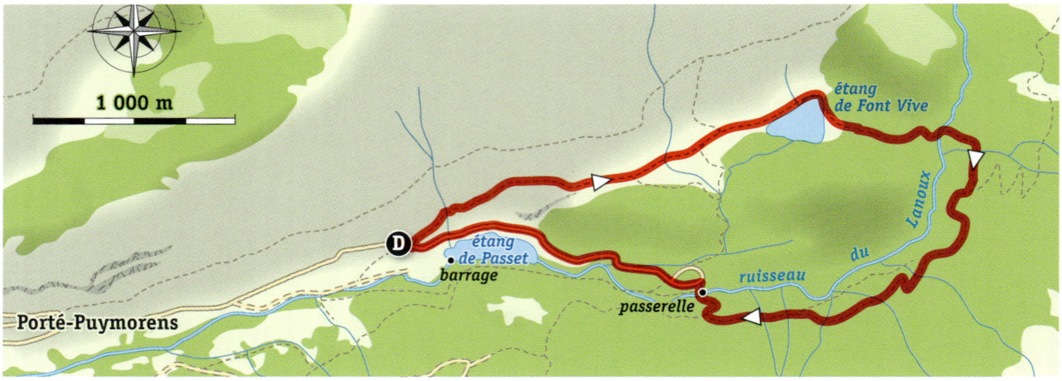

- **Accès:** gagnez Porté-Puymorens par la N 20. Si vous arrivez depuis la Cerdagne (sans prendre le tunnel), à l'entrée du village juste après le pont virez à droite en suivant la direction des lacs (vous passerez devant le centre des pompiers puis le centre équestre). Trois kilomètres après la sortie du village, garez-vous sur le premier parking à droite (panneau de randonnée à gauche).

- **Horaire:** 2h30 pour la boucle
- **Dénivelé:** 220 m
- **Difficulté:** aucune
- **Cartes:**
IGN TOP 25 2249 OT Bourg-Madame – Col du Puymorens
Rando Éditions 1/50 000e N° 8 Cerdagne – Capcir

Itinéraire

0h00 Suivez le sentier au-dessus des panneaux de randonnées. Au premier carrefour, allez à droite vers «Font Vive». Le sentier déroule son fil tranquillement à travers genêts et genévriers. Quelques ressauts rocheux faciles font prendre un peu d'altitude. Après une sorte de col, vous traversez une belle pelouse en vue du lac.

0h50 Étang de Font Vive: remarquez les restes de la cabane détruite par une avalanche* à gauche en arrivant. Poursuivez votre boucle et contournez le lac

par la gauche. Après avoir franchi un amas rocheux, filez dans la pelouse vers la gauche en lisière de forêt. Le sentier descend ensuite sous les pins à crochets.

Ci-dessus : genêts et asphodèles.
Page de gauche : arrivée sur l'étang de Font Vive.

1h10 Traversez le ruisseau du Lanoux sur le pont et remontez en face. Descendez tranquillement dans une prairie en ignorant l'accès au Lanoux qui monte à gauche. La descente se poursuit dans la forêt de pins.
En bas, vous empruntez à droite un vieux chemin forestier qui mène à un pont en bois puis au goudron au-dessus.

2h00 Suivez < à gauche. Vous y doublerez l'étang de Passet.

2h30 Parking.

* Avertissement : en fin d'hiver, parfois plus tôt, la neige disparaît à cette hauteur mais plus haut les pentes restent chargées de neige d'où un danger très fort d'avalanche. Plusieurs accidents très graves ont eu lieu ces dernières années. Renseignez-vous avant de partir.

LES MOUFLONS

Les mouflons de Corse ont été introduits dans les Pyrénées dans les années 1950 et 1970. D'une adaptation remarquable, le cheptel, aujourd'hui estimé à plus de 1000 têtes, s'étend sur une zone autour du Carlit allant du col du Puymorens à la vallée d'Angoustrine. Les mâles sont différents des femelles par le poids (35 à 55 kg contre 25 à 40 kg) mais aussi par les cornes enroulées (pouvant atteindre 75 cm) dont les femelles sont dépourvues. La moyenne d'âge tourne autour de 12-13 ans pour les femelles et 10-11ans pour les mâles. Ce mammifère de l'ordre des artiodactyles et de la sous-famille des ovins est considéré comme un mouton sauvage.

29

VERS
LE CARLIT

Nous sommes au royaume des superlatifs tant pour le nombre de lacs à voir que pour la beauté des lieux. Une douzaine d'étangs vous attend entre la vaste étendue des Bouillouses et le sommet du Carlit (le plus haut des Pyrénées-Orientales avec ses 2921 m). Ils sont de toutes les formes et la pureté du ciel bleu cerdan s'y reflète à merveille. Cette boucle qui part à la découverte d'une grosse majorité de ces pièces d'eau est facile car il y a peu de dénivelé entre chaque lac. La marche suit un agréable moutonnement dans ce large territoire lagunaire entre 2000 m et 2300 m d'altitude. Quelques étangs comme celui de Llat et Long ne sont pas approchés, mais la vue les détaille parfaitement. Chaque plan d'eau, comme un miroir reflète les sommets du Capcir les plus proches, les uns étalent l'image du Carlit et des crêtes voisines et d'autres les pics Pérics. Bien sûr tout cela a un prix, celui du succès, mais si possible éviter la pleine saison et commencez de bonne heure vous en serez récompensé.

Estany de Trebens.

VERS LE CARLIT

- **Accès routier:** au départ de Mont-Louis, empruntez la D 118 vers La Llagonne (route de Quillan). Très vite, franchissez un pont et en haut de la petite côte virez à gauche sur la D 60 (route réglementée en juillet et août: vous devez alors emprunter les navettes depuis le grand parking). Vous atteignez le site des Bouillouses et le parking sous le barrage.
- **Horaire:** 3h20 pour la boucle
- **Dénivelé:** 350 m en tout
- **Difficulté:** aucune
- **Cartes:**
  IGN TOP 25 2249 ET Font-Romeu
  Rando Éditions 1/50 000e N° 8 Cerdagne - Capcir

Itinéraire

0h00 Empruntez les marches près du barrage en direction du grand hôtel. Un peu avant cet établissement, le sentier part à gauche marqué par des panneaux directionnels et informatifs sur la pêche. Le sentier se faufile tranquillement à travers les pins sur un parterre de roches granitiques. Restez sur la trace principale.

0h40 Fourche (à 2143 m): continuez à gauche vers l'estany Sec (panneau). Atteignez le premier lac: l'estany de la Comassa. Au-delà, passez près d'une cabane verte pour rejoindre le deuxième lac: l'estany Sec. Continuez pratiquement à plat. Sur la gauche, vous verrez un peu de loin: l'estany Llat et surtout l'estany Llong.

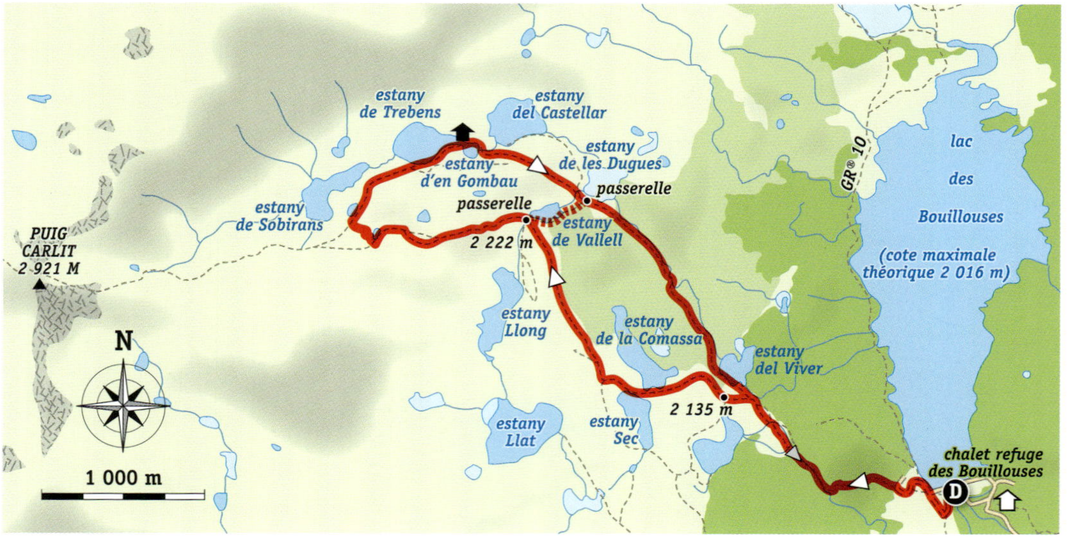

Estany Llong.

1h15 Vous parvenez à la passerelle sous l'étang de Vallell : poursuivez vers le Carlit.

1h40 À la hauteur d'un petit laquet (2350 m), prenez à droite malgré la croix jaune. Assez rapidement vous retrouvez le sentier balisé que vous suivez à droite. En face, vous apercevez l'étang de Sobirans. À la hauteur de son déversoir, le sentier de la « boucle des lacs » descend sur le lac de Trebens. À moitié de rive, elle ignore un sentier à droite.

2h00 Passerelle et abri vert, entre le lac de Trebens et celui d'en Gombeau : empruntez-la pour changer de rive et aller à droite. Traversez ensuite le déversoir sur un tapis de roche, pour descendre ensuite sur l'estany del Castellar. Longez-le sans balisage. Au bout, poursuivez sur le sentier à droite. Par paliers, il descend vers l'estany de les Dugues. Avant la passerelle, vous récupérez le balisage jaune et 50 mètres après le ruisseau montez à gauche (à droite vous pouvez voir le lac de Vallell).

2h25 Estany de les Dugues (2237 m) que le sentier frôle un instant avant de partir vers la droite pour descendre dans un petit vallon. À deux reprises plus bas, vous contournez deux replats marécageux.

2h45 Estany del Viver (2143 m) : poursuivez tout droit. Rapidement vous retrouvez le carrefour de l'aller. En face, descendez sur le sentier de l'aller pour revenir au lac des Bouillouses.

3h20 Parking des Bouillouses.

30

ÉTANGS LLARG, NEGRE ET PRADELLA

Ce circuit gagne en sérénité et s'éloigne de la foule des abords de l'étang des Bouillouses. Dès le départ, il nous plonge dans un agréable cheminement au cœur de la forêt de pins à crochets sur un parterre de rhododendrons et de roches granitiques. Un jeu de pistes nous régale de ses trouvailles et le balisage jaune comme un fil d'Ariane nous conduit à la découverte des étangs. Le premier est l'étang Llarg tout en longueur à l'image d'une larme posée au creux d'un écrin de verdure. Un air d'aventure plane dans la traversée jusqu'à l'autre lac. Que va-t-on découvrir? C'est votre imagination qui navigue entre les résineux: un bruit, un animal, un oiseau, rien de très impressionnant, mais le plaisir est là. L'étang Nègre change de forme mais pas d'ambiance où le caractère sauvage est toujours présent. Les pêcheurs se sentent au bout du monde et vous? Encore une traversée forestière avant de surprendre en lisière, entre ombre et soleil, l'étang de Pradella: le plus grand des trois. L'espace est à vous, profitez-en.

Cabane à l'estany de Pradella.

ÉTANGS LLARG, NEGRE ET PRADELLA

- **Accès:** au départ de Mont-Louis, empruntez la D 118 vers La Llagonne (route de Quillan). Très vite, franchissez un pont et en haut de la petite côte virez à gauche sur la D 60 (route réglementée en juillet et août: vous devez alors emprunter les navettes depuis le grand parking). Vous atteignez le site des Bouillouses. Le point de départ de la randonnée se situe dans le virage env. 300 m avant le refuge près de la rivière.

- **Horaire:** 1h40
- **Dénivelé:** 100 m
- **Difficulté:** facile
- **Cartes:**
  IGN TOP 25 2249 ET Font-Romeu
  Rando Éditions 1/50 000e N° 8 Cerdagne - Capcir

Estany de Pradella.

Itinéraire

0h00 Un pont de bois (1984 m) flanqué de panneaux directionnels (boucle des 3 étangs et GR), que vous franchissez, est prolongé par le chemin que vous empruntez sur une cinquantaine de mètres.

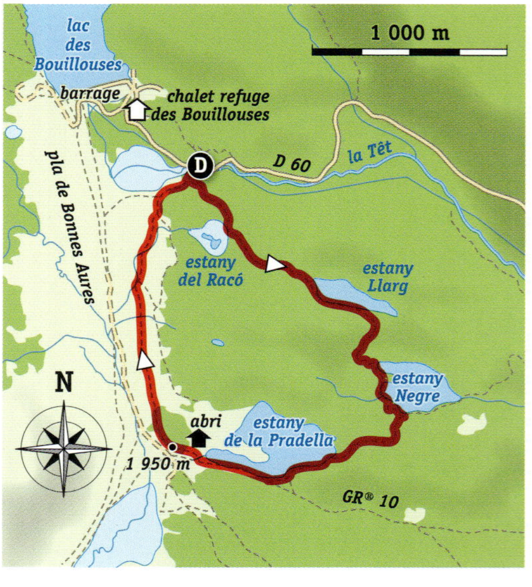

Quittez ce chemin et le GR pour virer alors à gauche (balises jaunes) dans la forêt de pins. Dépassez ainsi l'estany del Reco, un plat marécageux. Dépassez un collet (stèle) et descendez en direction de l'estany Llarg que vous contournez par la droite (blocs de granit). Le sentier s'en va sud-est pour rapidement donner accès à...

0h40... l'estany Negre (1947 m). Bifurquez à droite (raide) au bord du lac. Longez un peu plus loin sa rive ouest. À sa pointe sud, le sentier s'en éloigne en partant à droite.

1h00 Vous parvenez à l'estany de la Pradella (1970 m) par une clairière. Longez-le au sud en suivant le chemin. Rapidement vous êtes sur le GR 10 qui vous fait atteindre et dépasser la cabane de Pradella suivie d'un talus que vous contournez par la gauche. Le GR traverse le pla de Bones Aures (IGN) sur un large chemin en direction du barrage des Bouillouses que vous n'atteignez pas. Suivez le GR quand il vire petit à petit à droite en lisière de forêt et vous fait retrouver le...

1h40... pont de bois.

Estany Llarg.

Estany Negre.

31

ÉTANGS DE LA PORTEILLE D'ORLU

Ici, tout est dans la mesure, dans la richesse des détails, le paysage est une peinture dans ce coin du Capcir. Au-dessus du charmant village d'Espousouille, au fin fond du val de Galbe, quelques petits étangs sont lovés dans un décor où rien ne manque: le ruisseau et la petite cascade, les bouquets d'arbres, les rhododendrons, la pelouse verte qui à l'automne contraste fortement avec les touches rougeoyantes des massifs de myrtilles. Le parcours, en dehors des sentiers battus, relativement court est un autre atout. Ces étangs ne sont pas grandioses (le plus grand fait un 1 ha) et à différents étages se complaisent dans ces lieux discrets. L'absence de balisage n'est pas du tout un inconvénient car il sanctuarise le fond du val de Galbe qui attire des hordes d'isards venus de la Réserve nationale de faune d'Orlu.

Pic de Mortiers.

Étang de la Porteille d'Orlu (le plus grand).

Vue sur le massif du Canigou depuis le val de Galbe.

Pin à crochet callipyge.

31

ÉTANGS DE LA PORTEILLE D'ORLU

Couleurs d'automne dans le val de Galbe.

- **Accès:** depuis Mont-Louis, prenez la direction de la Llagonne sur la D 118. Après Formiguères et avant Puyvalador prenez à gauche la D 32 puis la D 32d. Au centre d'Espousouille, virez à gauche, passez devant le gîter et le cimetière pour emprunter la piste forestière à droite après le pont. La piste longe plus ou moins la rivière. Après 4,4 km, traversez le pont puis continuer à gauche sur l'autre piste. Garez-vous sur le parking de la Jaceta à 1650 m (aire de pique-nique) sous les arbres.
- **Horaire:**
  2h25 aller
  1h55 retour
- **Dénivelé:** 550 m
- **Difficulté:** pas de balisage et passages raides
- **Cartes:**
  IGN TOP 25 2249 ET Font-Romeu - Capcir
  Rando Éditions 1/50000e N° 8 Cerdagne - Capcir

Itinéraire

0h00 Entamez votre marche sur la piste interdite à la circulation en compagnie du balisage jaune et rouge, tout en laissant un autre chemin à droite. Vous doublerez ainsi la cabane de la Jaça de la Llosa (1655 m) et quand la piste se meurt, un sentier prend la relève.

0h40 Fourche à 1800 m: ignorez le balisage qui part à gauche vers les Camporells pour rester à droite du ruisseau dans le vallon du Galbe flanqué d'une perche à neige un peu plus loin.

1h10 Traversez un grand replat où se love le ruisseau Les Bassetes (1915 m). Au-delà, la pente se redresse.

1h45 Après une antenne à 2060 m (mesure de la neige), l'itinéraire suit la trace de droite et passe ensuite un petit col près du ruisseau. Abandonnez alors le sentier pour franchir un replat humide à droite. Après la crête, descendez un peu...

2h00 Étang de la Porteille d'Orlu (2102 m): le plus grand de la série.
Pour atteindre les autres étangs, revenez sur le sentier près du ruisseau. Contournez un mamelon par la droite en restant à gauche du cours d'eau. Après un replat, traversez une zone de gros blocs rocheux.

2h15 Laquet (2160 m) juste au pied de la Porteille d'Orlu. Progressez à droite vers le nord-est en suivant le ruisseau. À la confluence des ruisseaux, poursuivez à droite pour atteindre un autre laquet plus petit avant d'en rejoindre un autre au-dessus 2 minutes après.

2h25 Dernier petit étang (à 2188 m), au pied de la Porteille du Laurenti. Revenez par le même chemin.

Suggestion: grimpez à la Porteille d'Orlu ou à la Porteille du Laurenti.

Les méandres des Bassettes.

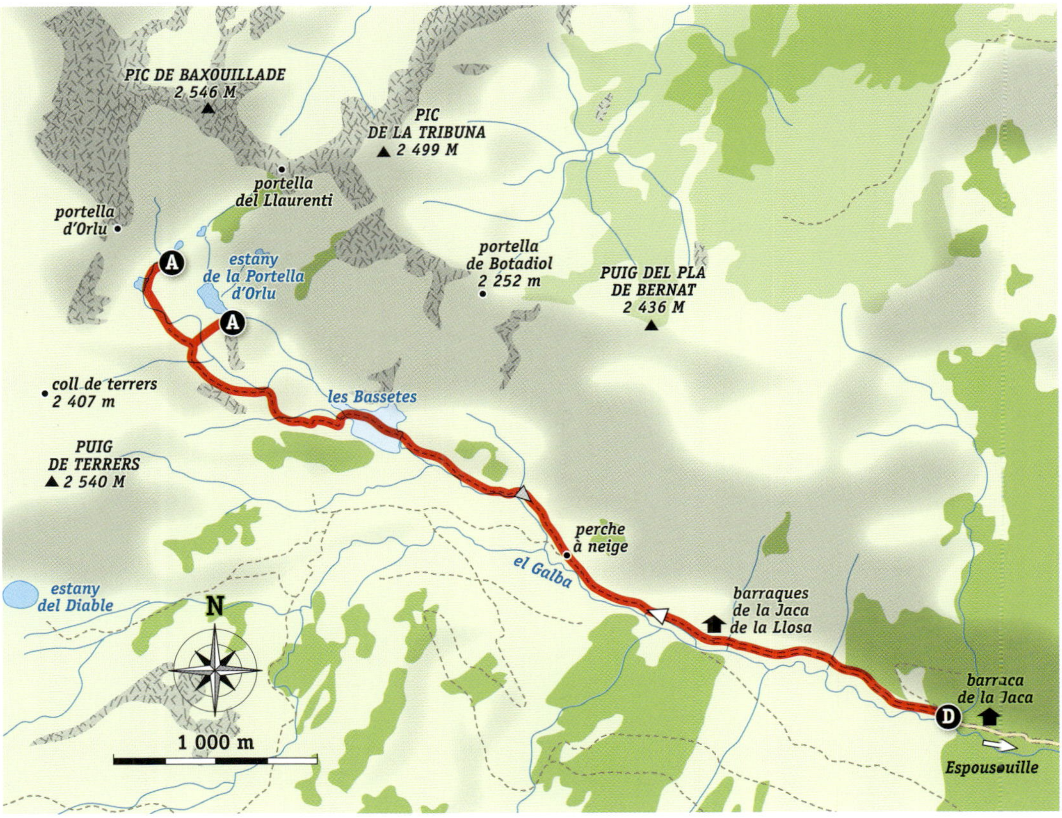

32

LACS DE CAMPORELLS

Il existe des lieux exceptionnels qui marquent à jamais. On les garde dans le cœur et on ne souhaite qu'une chose: y revenir le plus souvent possible. Cette région du Capcir en est riche et les étangs de Camporells en font partie comme sa forêt qui est classée forêt patrimoniale. La voie d'accès par la Serra de Mauri, au-dessus de la station de ski de Formiguères, offre l'avantage de dominer ces étangs et d'en apprécier la beauté d'ensemble. Ensuite, il suffit de se promener d'un lac à l'autre, bien sûr il y a les deux principaux, estany Gros et estany del Mig, mais il ne faut pas omettre de découvrir les autres petits qui sont autant de perles d'eau sublime. Enfin, à vous de choisir le meilleur coin de repos si vous ne souhaitez pas pousser jusqu'au sommet de La Muntanyeta 2436 m ou plus haut vers les Péric (2690 m et 2810 m). Attention au retour il ne faut pas oublier le dénivelé à remonter pour atteindre la Serra de Mauri.

Étang des Camporells et les pic Péric.

- **Accès:** depuis Mont-Louis, empruntez la D 118 et dirigez-vous vers Axat jusqu'à l'entrée de Formiguères. Allez à gauche pour atteindre la station de ski. Une piste carrossable de 5,3 km monte à travers la station. Garez-vous sur le parking avant la barrière.
- **Horaire:**
  1h30 aller
  1h00 retour
- **Dénivelé:**
  280 aller
  180 m retour balisage jaune
- **Difficulté:** ne pas faire par temps de brouillard
- **Cartes:**
  IGN TOP 25 2249 ET Font-Romeu – Capcir
  Rando Éditions 1/50 000e N° 8 Cerdagne – Capcir
- **Refuge des Camporells:** 06 82 12 99 22, ouvert du 25 mai au 30 octobre.

Itinéraire

0 h 00 Dépassez la barrière. Peu après (panneau) suivez à gauche le sentier plus ou moins parallèle à la piste. Suivez la crête au-dessus bien à gauche d'un télésiège.

0 h 50 Sur la Serra de Mauri, vous poursuivez tout droit sur une autre piste et à la fourche suivante allez à gauche. Plus loin, descendez le sentier à gauche vers le lacs.

1 h 30 Refuge et lac des Camporells à 2 240 m. L'estany del Mig est à proximité du refuge, allez un peu à droite pour rejoindre l'estany Gros que vous longez pour découvrir les autres petits étangs.
À gauche du refuge, se trouve le petit estany de la Basseta.
De quoi s'occuper pas mal de temps si vous voulez tous les voir.

LE CAPCIR

Perché entre 1450 m et 1700 m, le plateau du Capcir débute au pied du barrage de Puyvalador pour s'étendre jusqu'au col de la Quillane (1713 m). C'est un paysage à la fois de plaine et de montagne égayé par une dizaine de charmants villages. Cette pénéplaine orientée nord sud est encadrée par deux massifs : à l'est le Madres et à l'ouest la chaîne du Carlit et du Péric. Son orientation et son altitude lui valent un climat continental, souvent ensoleillé mais froid. S'y ajoute parfois le Carcanet, cette brume venant du nord-ouest qui peut envelopper le plateau en toute saison. C'est pour tout cela que le Capcir s'est vu attribuer l'appellation de « petite Sibérie ».

Ci-dessus : la Muntanyeta depuis les Camporells.

Page de gauche : refuge des Camporells.

Ci-contre : balisage du Tour du Capcir.

À droite : torrent des Camporells.

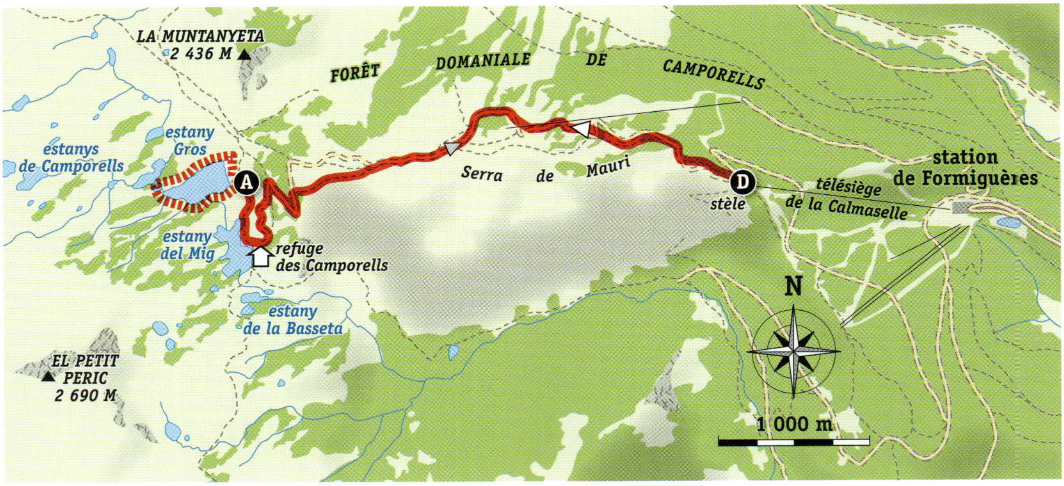

33

ESTANY DE MALNIU

Au cœur de la Cerdagne espagnole, sur le versant bien ensoleillé au-dessus du village de Méranges, une longue piste sinueuse gagne petit à petit de l'altitude pour atteindre le sympathique refuge de Malniu. Les pins à crochets et les roches arrondies plantent le décor et l'ambiance est montagnarde. Le sentier se faufile tranquillement dans la forêt où les odeurs de pins se mélangent aux subtils effluves du sous-bois. Rapidement vous découvrez l'étang de Malniu (il est l'itinéraire le plus court de ce guide), une vraie merveille qui coule une vie paisible au pied du Campcardos appelé par nos voisins catalans pic Pedros. Ce dernier nom qui se traduit par le « pic des pierres » est bien approprié car les roches sont très présentes et apportent une touche indéniable à la toile de fond. Il ne manque rien dans ce tableau pyrénéen.

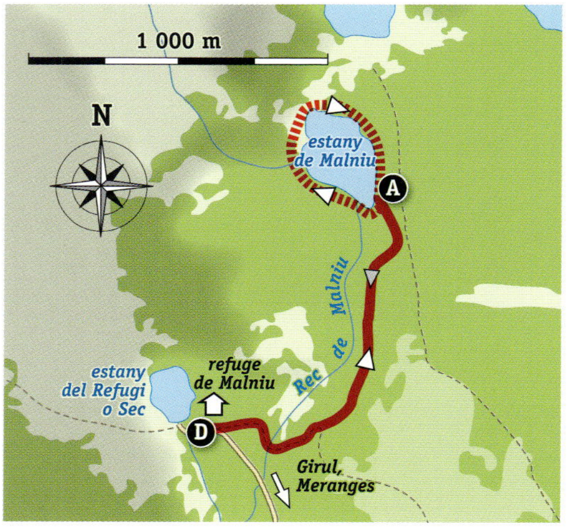

Création hivernale.

Étang de Malniu au pied du massif du Campcardos.

33

ESTANY DE MALNIU

- **Accès:** de Bourg-Madame, allez en Espagne, passez Puigcerda en direction de la Seu d'Urgell par la N 260. Après Ger, virez à droite vers Meranges. Traversez ce village puis Girul pour suivre la piste forestière en suivant la direction Malniu. Au carrefour, continuez à gauche pour rejoindre le parking près du refuge de Malniu à 2150 m. La piste est réglementée: péage de 3 €.
- **Horaire:**
  0 h 40 aller
  0 h 30 à 0 h 40 pour le tour du lac
  0 h 25 retour
- **Dénivelé:** 100 m
- **Carte:** Alpina 1/50 000e Cerdanya

Itinéraire

0 h 00 En ressortant du parking après le pont, suivez à gauche le sentier balisé blanc et jaune qui porte le N° 119 et N° 121 (poteau indicateur) dans la forêt de pins.

Après un replat et un lacet, le sentier monte en oblique.

Sur le haut, vous rencontrez un autre sentier que vous suivez à gauche. Rapidement vous arrivez au déversoir.

0 h 40 Étang de Malniu (2 254 m), prévoyez de 30 à 40 minutes pour faire le tour du lac.

De nombreux pins à crochets entourent l'étang de Malniu.

LE TRAITÉ DES PYRÉNÉES

Après trois ans de négociation, Louis XIV, sous la tutelle de Mazarin, signe en 1659 avec Philippe d'Espagne le traité des Pyrénées rattachant ainsi les pays catalans du nord à la France. Ce qui a pour conséquence de couper la catalogne en deux en ignorant les aspects historiques qui avaient donné à cette terre une forte identité culturelle. La population du Vallespir est ainsi divisée, à Mollo les habitants sont espagnols et à Prats-de-Mollo ils deviennent désormais Français. De même en Cerdagne, la capitale Puigcerda reste en Espagne alors que 33 villages sont rattachés à la France. Mais la partition n'est pas aussi simple et l'Espagne, après de longues négociations, garde la cité de Llivia créant ainsi une enclave espagnole en territoire français (accord du 12 novembre 1660).

34

ÉTANGS DE JUCLAR

Depuis le val d'Inclès, la marche d'approche est relativement courte mais très belle. On a l'impression de marcher dans un jardin où la flore est aussi variée qu'abondante grâce notamment à l'alchimie entre l'eau et le soleil abondant sur cette soulane andorrane. Le sentier serpente ainsi à travers les massifs de genêts et de rhododendrons, des parterres de gentianes bleues, d'anémones soufrées et bien d'autres fleurs de montagne. Et là à plus de 2300 m d'altitude et à deux pas de la frontière française, dans une grande cuvette au pied du pic d'Ascobe et du pic de Juclar, se nichent les deux grands lacs de Juclar. D'abord l'estany Primer, le plus vaste avec une surface de 16 ha, bordé côté nord de falaises empêchant ainsi d'en faire le tour. En suivant à proximité, l'estany Segon plus petit (7 ha) offre des rives plus faciles et plus accueillantes. Les marcheurs curieux iront au-delà de ces deux lacs pour atteindre le col de Juclar (2442 m) sur la frontière et profiter d'un superbe panorama de chaque côté.

Le refuge du Juclar près d'un laquet.

ÉTANGS DE JUCLAR

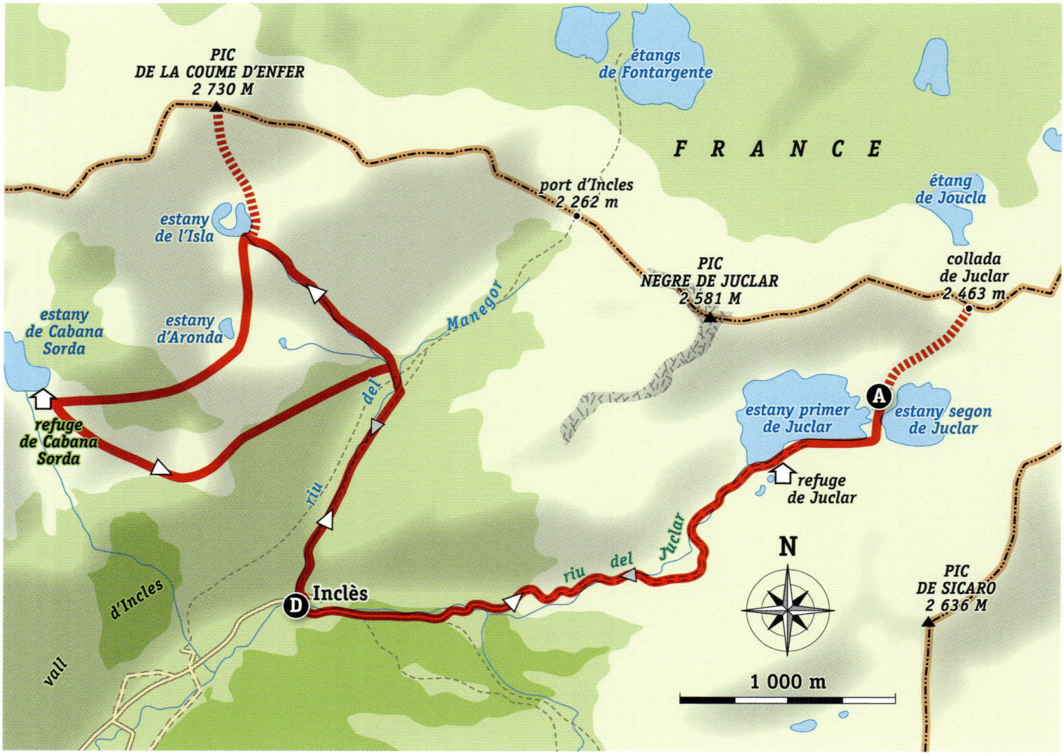

- **Accès:** depuis La France, par la N 20 et la N 22, gagnez le Pas de la Casa puis par le col ou le tunnel d'Envalira en direction d'Andorre-la-Vieille dépassez Soldeu. Dans le grand virage après, prenez à droite le val d'Inclès et ce jusqu'à la fin de la route. Se garer sur le parking du val d'Inclès après le pont à gauche. Attention, en juillet et août, la route est fermée aux voitures: il faut alors prendre la navette.
- **Horaire:**
  2h00 aller
  1h30 retour
- **Dénivelé:** 500 m
- **Cartes:**
  Rando Éditions 1/50 000e N° 7 Haute Ariège
  Carte espagnole Alpina Andorra
  Refuge gardé (43 places): renseignements au +376 875 712 ou +376 875 723

Itinéraire

0h00 À la sortie du parking (1835 m), suivez le chemin à gauche qui s'enfonce dans le val de Juclar entre deux murettes en compagnie d'un balisage jaune et GR. À la bifurcation, vous laissez à droite la direction des étangs de Siscaro. Rapidement vous passez un petit pont en pierre. Le sentier quitte la proximité du ruisseau pour grimper à flanc sud du vallon en passant au pied d'un éboulis. Plus haut, il remonte un couloir rocheux.

1h10 Vous franchissez d'abord une passerelle en bois et un quart d'heure plus tard c'est une passerelle en béton. Vous dépassez une ruine et une antenne relais puis une autre passerelle près d'un tunnel.
À la bifurcation au-dessus, à gauche la trace vous mène au barrage et à droite elle vous dirige vers le refuge.

1h30 Refuge gardé à 2310 m, continuez vers l'est tout en dominant le premier lac, le plus grand des deux.

2h00 Passage entre les deux lacs (2294 m): vous pouvez faire le tour du deuxième ou bien montez au col sur la frontière à 2442 m pour la vue d'ensemble.

Un parcours avec une flore variée et abondante.

Suggestion : une boucle (8 h environ) à cheval sur l'Andorre et la France est possible depuis le val d'Inclès en passant par ces deux étangs du Juclar puis par le col de Juclar. Descendre ensuite sur le versant français par les Jouclar puis par les étangs de Fontargente pour revenir au point de départ par le port et le val d'Inclès. Voir les randonnées n° 17 et 18 ou la description dans le guide *Ariège*, collection « Le Guide Rando » Rando Éditions.

Les deux étangs de Juclar.

35

ÉTANGS DE L'ISLA ET CABANA SORDA

Après avoir quitté Soldeu, la petite route très étroite s'insinue tel un serpent dans le val d'Inclès. L'habitat ancien agricole et les nouvelles résidences dispersées ont gardé intact l'esprit d'autrefois où la pierre et l'ardoise s'accordent à merveilles avec les prairies bordées de murettes. Le val d'Inclès est accueillant et c'est en grimpant un peu au-dessus du parking que l'on juge le mieux de cette ambiance. Cette bonne impression vous transportera plus facilement vers les hauteurs pour aller admirer une petite succession d'étangs. Isla, Anrodat et Cabana Sorda, ils sont tous perchés en balcon sur la rive droite de la vallée encadrée par le sommet d'Anrodat (ou Coume d'Enfer: 2730 m) et celui de la Portaneille (2756 m). La visite de ces trois étangs se fait en boucle sur la partie haute, dans un décor de haute montagne ou la roche (du gneiss) aux couleurs chaudes, chahutée par l'érosion glaciaire, offre une ambiance originale.

Le départ depuis le val d'Inclès.

Le petit lac d'Arrodat.

Le lac de l'Isla dominé par le pic Arrodat.

- **Accès:** depuis La France, par la N 20 et la N 22, gagnez le Pas de la Casa puis par le col ou le tunnel d'Envalira en direction d'Andorre-la-Vielle dépassez Soldeu. Dans le grand virage après, prenez à droite le val d'Inclès et ce jusqu'à la fin de la route. Se garer sur le parking du val d'Inclès après le pont à gauche. Attention, en juillet et août, la route est fermée aux voitures: il faut alors prendre la navette.
- **Horaire:** 3h40 pour la boucle
- **Dénivelé:** 600 m
- **Difficulté:** aucune
- **Cartes:**
  Rando Éditions 1/50000e N° 7 Haute Ariège
  Carte espagnole Alpina Andorra

Itinéraire (carte p. 132)

0h00 Sur le haut du parking, commencez votre randonnée sur le sentier rive gauche sans traverser la rivière. Le premier quart d'heure est assez raide et ensuite bien plus tranquille.

0h30 Sur le replat, à la hauteur du panneau directionnel, allez à gauche pour traverser plusieurs bras du ruisseau: une seule passerelle. En direction de l'ouest, remontez sur l'autre versant. Laissez un premier sentier à gauche pour atteindre un autre poteau directionnel. Vingt mètres au-dessus, prenez à droite vers le lac de L'Isla. (Vous laissez à gauche, le sentier balisé en jaune et rouge qui va directement à l'étang et le refuge de Cabana Sorda, ce sera votre retour.) Montez maintenant assez raide à très raide vers l'ouest nord-ouest (balisage point jaune).

1h00 Après un replat, traversez un petit ruisseau. Plus loin, vous en traversez un autre. Puis de nouveau la progression se fait un peu plus raide en progressant dans des petits vallons.

1h30 Estany de l'Isla (2360 m) au pied du pic d'Anrodat. Prenez un peu de hauteur pour bien voir son île. Vous avez le choix de descendre par le même chemin ou faire une boucle par l'estany d'Anrodat et surtout celui de Cabana Sorda. Depuis le déversoir, (poteau) remontez un talweg et passez un petit col pour descendre de l'autre côté en suivant bien les balises jaunes en direction du lac en contrebas.

1h50 Estany d'Anrodat (2282 m), continuer sud-ouest. Après un laquet, montez d'abord à droite puis à gauche. Le sentier balisé court ensuite en balcon sans prendre beaucoup d'altitude. Il vire ensuite petit à petit vers l'ouest nord-ouest.

2h30 Refuge (non gardé) de Cabana Sorda (2295 m) et le lac du même nom, le plus grand des trois, à 2 minutes derrière.

Les belles pierres du val d'Inclès.

Vieux pont de pierre sur le ruisseau d'Inclès.

La descente se réalise en suivant le balisage jaune et rouge sous la cabane vers l'est puis après quelques moutonnements et une crête arrondie, l'itinéraire vers l'est vire petit à petit vers le nord.

3h15 Vous retrouvez le croisement de l'aller puis à droite vous retraversez les différents bras du ruisseau du Port d'Inclès pour descendre jusqu'au…

3h40… parking d'Inclès.

Suggestion : gravir le pic d'Anrodat (2730 m) depuis l'estany de l'Isla (2h A/R).

Le lac de cabana Sorda.

36

ESTANYS DELS PESSONS

Certainement une des plus belles découvertes andorranes. Dans ce cirque au pied des pics des Pessons et du Cubil, par un cheminement en boucle sur les hauteurs de la station de ski de Grau Roig, le randonneur découvre pas moins d'une dizaine de lacs. Ils sont de forme et de taille différentes, allant du plus grand de 4,5 ha pour l'estany Primer à moins d'un hectare pour le plus petit. Ils sont distribués comme un collier dans ce vaste cirque rocheux avec peu de dénivelé entre deux lacs. Pour en profiter au maximum, il est conseillé d'y aller en dehors des vacances d'été pour profiter de cette sérénité qui flotte et qui vous imprègne à chaque pas dans ce décor parfaitement équilibré fait seulement de plages, d'eau, de rochers égayés de massifs de rhododendrons dans un vallonnement parsemé de pins à crochets. Choisissez une belle journée à la fin du mois de juin où la flore s'épanouit dans sa plus grande variété et dans sa plus belle expression.

Astany Fourcat.

- **Accès:** depuis la France, atteindre l'Andorre par la N 20. Dépassez le Pas de la Case pour franchir le col d'Envalira. Dans la descente, virez à gauche pour rejoindre la station de Grau Roig. Se garer après le pont sur le parking du Cubil (2100 m d'altitude), c'est le dernier à droite.
- **Horaire:** 4h10 pour la boucle
- **Dénivelé:** 550 m pour la totalité des lacs
- **Difficulté:** aucune
- **Carte:**
  Carte espagnole Alpina Andorra

Cirque dels Pessons. Le trolles d'Europe observent le pic de Ribus.

Estany Primer et son restaurant.

ESTANYS DELS PESSONS

Itinéraire

0h00 Au fond du parking, grimpez l'escalier métallique (à gauche des bâtiments) pour suivre une sente à gauche qui vous amène sur un large chemin qui grimpe au milieu des pistes de ski.
Sur le haut vous laisserez un embranchement à droite pour gagner tout droit…

0h30 L'estany Primer (1) avec son restaurant : laissez à gauche le GR 7 pour aller à droite du restaurant. Juste au-dessus, empruntez un sentier balisé en jaune qui part à gauche du chemin, à travers des roches et quelques pins.
Un peu plus haut, vous longez un ruisseau que vous traversez ensuite. Au-dessus, le sentier vire vers la gauche dans un petit vallon qui aboutit à un deuxième lac (2) : l'estany Forcat. Sans l'atteindre et 50 mètres avant, le sentier monte à droite à travers les pins et les roches tout en dominant ce dernier étang. Sur le replat à la hauteur d'un laquet, continuez à gauche.

1h10 Troisième lac, estany de la Solana, au pied du pic du Cubil ou Covil. Grimpez un rocher et continuez plein ouest. Après un petit ressaut rocheux, laissez deux laquets à droite. Vers 2500 m d'altitude le sentier laisse encore sur sa droite une série de trois laquets.
Vous parvenez sur un promontoire où vous dominez un vallon avec trois lacs. À droite, le sentier contourne ce promontoire pour descendre dans le vallon.

1h45 L'itinéraire rejoint le GR7 (3) près de l'estany del Meligar à 2450 m. Vous avez le choix de partir à gauche pour achever votre boucle ou continuer à droite pour, en aller et retour, en découvrir deux ou trois autres. Pour cela longez le lac sur votre droite. 10 minutes plus tard vous parvenez au deuxième et après encore 10 minutes au troisième : estany de les Fonts (2490 m).
Si vous voulez vous pouvez suivre le GR7 jusqu'au col des Pessons (2810 m) ou découvrir le quatrième perché plein sud. Pour ce dernier, il n'y a pas de sentier mais il suffit de s'élever sur le GR7 afin de l'apercevoir et de le rejoindre.

2h30 Estany del Cap de Pessons à 2590 m. Quelques marmottes craintives habitent le secteur.

3h00 De retour au carrefour (3), suivez tout droit le GR7. Il descend par paliers et atteint l'estany Rodo (2380 m) que vous longez sur sa gauche ainsi qu'un autre petit herbeux. Un peu plus loin, vous contournez par la droite l'estany Forcat (2310 m) le deuxième lac de la montée (2). Une descente dans les pins annonce le premier lac, Estany Primer, où vous allez franchir son déversoir pour le longer ensuite à main gauche afin de retrouver la piste près du restaurant (1) et de revenir au…

4h10… parking de la station.

Suggestion : poursuivre sur le GR 7 jusqu'au col des Pessons (2775 m) (+1h45 A/R depuis le carrefour (3)), puis peut-être gravir le pic des Pessons (2858 m) (+30 minutes A/R depuis le col des Pessons).

37

ESTANY DE MONTMALÚS

À proximité de l'agitation commerciale et touristique andorrane, le lac de Montmalús protégé par le pic éponyme (2781 m) gagne en sérénité. Cette randonnée est une bonne occasion de gravir le sommet à un quart d'heure du col avant de rejoindre le lac. À deux pas de l'Espagne, cette étendue de plus de 11 hectares est accompagnée de petits étangs satellites dont un se trouve en territoire espagnol. Nous sommes dans un secteur où les trois pays se rencontrent: la France, l'Espagne et l'Andorre. La marche ne connaît pas les frontières ici au cœur de l'Europe et c'est tant mieux pour tous les amoureux de la montagne. Dans ce vallon, outre les vaches qui apprécient la pelouse d'été, quelques familles de marmottes ont posé leurs valises dans ce secteur, une rencontre sympathique qui enchante tous les marcheurs si elles sont bien disposées à montrer le bout de leur nez.

Estany de Montmalús.

ESTANY DE MONTMALÚS

L'ANDORRE

L'Andorre, ou principauté d'Andorre, est un pays souverain niché au cœur des Pyrénées, encastré entre la France et l'Espagne (donc enclavé dans l'Union Européenne). Avec une surface de 468 km², il est un des plus petits états souverains. Il est peuplé de plus de 85000 habitants, sa capitale est Andorre-la-Vieille et sa langue officielle le catalan. Sa création remonterait au règne de Charlemagne sous un contrat de droit féodal où le trône andorran est confié à deux coprinces d'Andorre, l'évêque catalan de La Seu d'Urgell et le comte de Foix (qui bien plus tard est revenu au président français). Le pays est divisé en sept paroisses: Encamp, Canillo, Andorra-la-Vella, Ordino, Sant-Julia-de-Lòria, La Massana et Escaldes-Engordany. L'Andorre est exclusivement montagnard avec une altitude moyenne de 1996 m, le point culminant est à 2942 m (la Coma Pedrosa) et le plus bas à 870 m. Il s'est doté de plusieurs domaines skiables. Mais le succès de l'Andorre est surtout lié au commerce de produits faiblement taxés (TVA de 4, 5 %) comme l'alcool et le tabac. L'Andorre attire environ 10 millions de touristes de toutes nationalités par an.

- **Accès:** depuis la France, atteindre l'Andorre par la N 20. Dépassez le Pas de la Case pour franchir le col d'Envalira. Dans la descente, virez à gauche pour rejoindre la station de Grau Roig. Se garer après le pont sur le parking du Cubil (2100 m d'altitude), c'est le dernier à droite.
- **Horaire:**
  2h20 aller
  1h50 retour
- **Dénivelé:** 600 m à l'aller et 300 m au retour
  Difficulté: aucune mais une montée au retour
- **Carte:**
  Carte espagnole Alpina Andorra

Itinéraire (carte p. 140)

0h00 Empruntez le chemin à droite du bâtiment placé à gauche du parking. Rapidement continuez à droite puis après le carrefour de pistes, allez à gauche afin de passer ainsi entre les télésièges du Pic Blanc et du Cubil. À la première fourche, allez à gauche en direction du restaurant «El Piolet». À travers les pins à crochets clairsemés, la piste descend un peu pour traverser un pont en béton encadré de filets. 80 mètres après, montez la piste à droite. Plus haut, il vaut mieux suivre la piste de gauche moins raide que sous les pylônes du téléski. Après quelques lacets, on atteint...

0h45... un petit col et pylône du téléski près d'un petit lac légèrement en contrebas à droite. Montez à gauche par un sentier (stèle noire) en direction de la «Collada de Montmalús». Plus haut sur un replat, visez le col de droite.

1h30 Collada de Montmalús (2704 m) d'où l'on aperçoit l'étang. Vous pouvez monter au sommet de Montmalús (2774 m ou 2783 m selon les cartes) en 15 minutes. Pour rejoindre l'étang, descendez les lacets vers le sud puis dans la combe restez sur le bord gauche. Différentes sentes permettent de gagner l'extrémité est (à gauche)...

2h10 ... de l'estany de Montmalús. À l'autre extrémité, à droite du lac, se trouve le refuge non gardé. Deux autres petits lacs se trouvent plus à l'est dont un avant le grand que vous avez laissé à gauche. L'autre est après et en contrebas à gauche: suivre le ruisseau déversoir pour le rejoindre. Prenez le même chemin pour revenir... N'oubliez que le retour se fait d'abord par l'ascension de la collada de Montmalús avec un dénivelé de près de 300 m.

4h10 Point de départ de Grau Roig.

Rencontre sympathique en chemin.

Refuge et vaches près du lac de Montmalús.

38

ÉTANG BLAOU

Ce vaste lac de 16,5 ha est niché entre la crête frontière franco andorrane et des sommets élancés comme le Thoumasset (2741 m) et le pic de l'étang Blaou (2661 m). Situé sur les hauteurs du Vicdessos dans la vallée de Siguer, il s'expose au bout de la très belle vallée de Peyregrand mais son approche par le versant français constitue une très grosse randonnée de plus de 6 heures de montée. Profitons d'un accès plus aisé du côté andorran pour ramener cette marche dans des temps plus abordables et plus facile. Le départ se trouve près du parc naturel de Vall de Sorteny et le sentier flirte avec un environnement très agréable dans un sous-bois de pins à crochets accompagné du ruisseau du Rialb. Plus haut dans une combe dégagée apparaît le joli refuge non gardé, une belle construction avec de la pierre et un toit d'ardoise (ce qui est le cas de pratiquement de tous les refuges andorrans). La principale difficulté de la randonnée est l'ascension du port de Siguer à 2396 m d'altitude sur la frontière. Alors la vue s'ouvre sur le versant français et découvre le bleu intense de l'étang Blaou tout proche. À vous d'en profiter.

Refuge de Rialb (Andorre).

- **Accès:** depuis Andorre-la-Vieille, prenez la direction de La Massana puis Ordino et la station d'Arcalis. Au-dessus d'El Serrat, montez à droite vers le Vall de Sorteny. Parking à l'entrée et bâtiment d'accueil du parc naturel.
- **Horaire:**
  2h00 aller
  1h30 retour
- **Dénivelé:** 660 m
- **Difficulté:** aucune
- **Cartes:**
  IGN TOP 25 2148 OT Vicdessos, Pics d'Estats et du Montcalm
  Rando Éditions 1/50 000e N° 7 Haute Ariège

Sous le port de Siguer versant français.

38

ÉTANG BLAOU

Étang Blaou.

0 h 00 À gauche après l'entrée du parking, empruntez le sentier du Val de Rialb sous les pins (balisage jaune). Traversez une aire de pique-nique. Vous longerez une murette et une maison puis passerez un premier portillon.
Vous doublez le panneau « Fonfreda » (source).
En vue du refuge passez un autre portillon.

0 h 40 Refuge de Rialb que vous laissez un peu à droite en poursuivant tout droit. Vous franchissez une passerelle et vous progressez maintenant rive droite.

0 h 50 Pont en bois et croisement d'itinéraires (abri à droite) : allez en direction du port de Siguer en ignorant la direction de la portella de Rialb.

1 h 00 À mi pente au croisement d'itinéraires, laissez à droite la direction du port de Banyell pour monter en lacet dans la pelouse à l'est nord-est. Plus haut, la progression se fait à gauche d'une combe à l'aplomb du col.

1 h 40 Port de Siguer à 2 396 m sur la frontière franco andorrane. Descendez, côté français, à droite vers l'est, passez une clôture, remontez un peu puis plongez vers le lac.

2 h 00 Étang Blaou à 2 335 m.
Revenez par le même chemin.

Suggestion : cette rando peut être couplée avec l'étang du Soulanet.

39

ÉTANG DE SOULANET

Avec l'étang Blaou, l'étang voisin, Le Soulanet ne partage pas qu'un départ commun andorran et une partie de l'ascension. Il s'étale aussi à deux pas de la frontière sur le versant français au fin fond d'une longue vallée dans le massif de l'Aston. Ils ont aussi en commun d'être dominé par la jolie pyramide élancée du pic de Thoumasset et ses 2741 m. Surtout connu par les randonneurs et les pêcheurs passionnés, le Soulanet en dehors de sa grandeur (6,5 ha) présente des rives découpées, une petite île et une presqu'île qui en font un des lacs les plus attachants de ce coin des Pyrénées. Sans toutefois souffrir d'une longue marche, il faut quand même franchir le port de Bagnels (ou de Soulanet) à 2527 m. Ici on se sent isolé et loin de tout. En Ariège, le massif de l'Aston qui s'étale sur plusieurs vallées est un des plus riches en nombre d'étangs et celui du Soulanet en est un des plus éloignés en partant du côté français.

Étang de Soulanet.

39

ÉTANG DE SOULANET

- **Accès:** depuis Andorre-la-Vieille, prenez la direction de La Massana puis Ordino et la station d'Arcalis. Au-dessus d'El Serrat, montez à droite vers le Vall de Sorteny. Parking à l'entrée et bâtiment d'accueil du parc naturel.
- **Dénivelé:** 900 m
- **Horaire:**
  2h25 aller
  2h00 retour
- **Difficulté:** aucune
- **Cartes:**
  IGN TOP 25 2148 OT Vicdessos, Pics d'Estats et du Montcalm
  Rando Éditions 1/50000e N° 7 Haute Ariège

Itinéraire (carte p. 146)

0h00 À gauche après l'entrée du parking, empruntez le sentier du Val de Rialb sous les pins (balisage jaune). Traversez une aire de pique-nique. Vous longerez une murette et une maison puis passerez un premier portillon.
Vous doublez le panneau «Fonfreda» (source). En vue du refuge, passez un autre portillon.

0h40 Refuge de Rialb (non gardé et ouvert) que vous laissez un peu à droite en poursuivant tout droit. Vous franchissez une passerelle et vous progressez maintenant rive droite.

0h50 Pont en bois et croisement d'itinéraire (abri à droite): allez en direction du port de Siguer en ignorant la direction de la portella de Rialb.

1h00 À mi pente au croisement d'itinéraires, partez à droite en direction du port de Banyell (ou Bagnels) (ignorez à gauche le port de Siguer). Le sentier part à flanc en montant progressivement avec un balisage jaune.

1h15 L'itinéraire traverse le ruisseau et remonte dans la pelouse bien à droite du talweg. La trace se perd mais le balisage assez serré permet de suivre son chemin (attention en cas de brouillard). Des bouts de sentier apparaissent parfois. La montée alterne passages raides et plus tranquilles.

L'étang de Soulanet sous le pic de Thoumasset.

2h00 Port de Banyell à 2529 m (ou 2525 m sur la carte IGN) qui ouvre la vue sur l'étang du Soulanet dominé par la pyramide du Thoumasset (2741 m). Le balisage s'arrête au col mais la descente ne pose aucun problème même si la trace n'est pas très visible. Descendez plutôt sur la droite.

2h25 Étang du Soulanet à 2345 m. Magnifique étendue d'eau aux contours découpés. De petits lacs se perchent un peu plus haut vers le nord-est. Au retour, revenez par le même chemin mais presque 200 m de dénivelé oblige un petit effort de 40 minutes environ pour remonter au port de Banyell avant de redescendre dans la vallée de Rialb.

Suggestion : cette rando peut être couplée avec l'étang Blaou.

40

IBÓNES DE PERRAMÓ, ESCARPINOSA ET BATIZIELLAS

Ces étangs marquent la limite la plus occidentale de ce guide sur le versant espagnol. Au cœur des Pyrénées les plus hautes (Posets 3369 m et Aneto 3404 m), ce sont plusieurs lacs disséminés dans le cirque de Batiziellas (Baticielles) dont les contours sont rehaussés d'aiguilles magnifiques comme celle de Perramó qui culmine à 2550 m. À la grandeur du paysage s'ajoute toute la finesse des détails, notamment les silhouettes des vieux pins à crochets parfois décharnés qui s'accordent parfaitement aux ondulations de la roche. L'eau est là au cœur de ce tableau où elle est souvent torrent, parfois cascade ou encore mare abritée par les arbres, mais elle est surtout vaste étendue limpide et étincelante comme les grands lacs de Tartera, Perramó et Escarpinosa. S'il vous en reste sous le pied et avide de découverte n'hésitez pas à compléter la boucle en passant par le col de Perramó pour descendre ensuite sur l'ibón de Batiziellas. La journée est alors un peu longue, mais vous la garderez en mémoire tant le plaisir est ample et profond.

Cabane de Santa Anna.

Étang d'Escarpinosa.

IBÓNES DE PERRAMÓ, ESCARPINOSA ET BATIZIELLAS

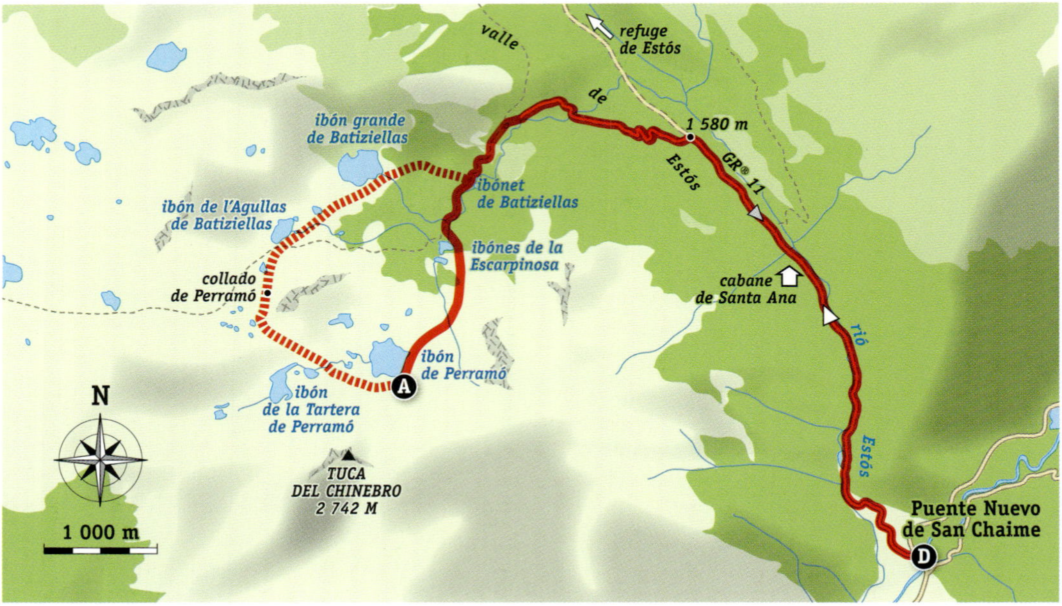

Parcours sous les hêtres.

- **Accès:** après le tunnel de Vielha suivez la direction de Pont de Suert sur 40 km puis prenez à droite pour aller à Castejon-de-Sos. Remontez ensuite la C139 vers le nord à droite pour dépasser Bénasque de 4 km environ. Après un camping à gauche et à la hauteur des containers poubelles prenez à gauche la vallée d'Estós. Après les maisons: se garer dans le parking clôturé.
- **Horaire:**
  2 h 35 pour Escarpinosa
  3 h 30 pour Perramó
  2 h 30 pour Batiziellas
- **Dénivelé:**
  700 m pour Escarpinosa
  950 m Pour Perramó
  900 m pour Batiziellas
- **Difficulté:** passages raides et éboulis
- **Carte:** Rando Éditions 1/50 000e N° 5 Luchon

Itinéraire

0 h 00 Commencez la marche en suivant la piste au-dessus du parking. Assez rapidement, à gauche de la piste interdite à la circulation prenez un raccourci avec des marches qui coupe un lacet de cette piste. Elle s'enfonce dans la vallée d'Estós avec parfois des portions bétonnées.

0 h 30 La piste change de rive après le pont en bois. Cette piste est flanquée d'une porte en fer et d'un passage canadien. Vous laisserez un départ d'itinéraire à droite puis la cabane pastorale de Santa Ana (à gauche) et une source avec un abreuvoir en bois.

1 h 00 À 1580 m (panneau directionnel) (1), quittez la piste qui file tout droit avec le GR11 (vers Estós à 1 h 30) pour s'insinuer à gauche dans la forêt.

Vue plongeante sur l'ibón d'Escarpinosa.

Une large trace non balisée progresse en lacet sous les hêtres, les pins et les sapins.
Sur le haut, traversez la passerelle en fer. Plus tard, vous marchez sur trois passerelles en bois juste avant la…

1h40… bifurcation d'itinéraires (2) à la hauteur du petit lac « Ibónet de Batiziellas » et d'un abri (1890 m). L'aiguille nord de Perramó partage le paysage en deux. Vous avez le choix d'aller à l'ibón d'Escarpinosa et Perramó à gauche ou à l'ibón de Batiziellas vers la droite.

Pour Escarpinosa et Perramó

Allez à gauche en longeant le petit étang. Le sentier traverse un replat humide puis progresse plus ou moins raide dans la forêt de pin accompagné par instants par le torrent. Vous franchirez deux passerelles en bois avant de parvenir sur la rive ombragée…

2h35… du premier lac d'Escarpinosa (2020 m).
Le second est caché juste derrière les roches en face.
Si vous souhaitez monter à l'ibón de Perramó : continuez à gauche en franchissant le déversoir à gué pour contourner l'étang. En suivant bien les cairns, vous allez progresser sur la droite d'un cône de déjection afin d'éviter les premières falaises.
À droite ensuite, la légère trace cairnée s'insinue à travers les grosses roches.
Vers 2200 m, elle fait un écart à plat à droite avant de remonter vers le sud-ouest. Petites montées et descentes se succèdent à travers des mamelons rocheux pour atteindre ainsi…

3h30… l'ibón de Perramó, perché à 2260 m dans un cirque dominé par l'aiguille de Perramó au centre et une kyrielle de sommets autour.
Au-dessus, vers le sud, non décrit ici se trouve l'ibón de La Tartera de Perramó à 2350 m. Revenez ensuite par le même chemin.

Pour l'ibón de Batiziellas

1h40 Depuis la bifurcation d'itinéraires (2) à la hauteur du petit lac « Ibonet de Batiziellas », suivez en face la variante du GR (tour des 4 refuges).

2h30 Ibón de Batiziellas.

Suggestion : le col de Perramó permet de relier les trois lacs décrits ici. Dans un sens ou dans l'autre, comptez 7h20 pour la boucle entière.

41

ESTANYS D'ANGLOS

Estany Gran dAnglos

Placé sur la rive droite de la Ribagorçana et au sud du massif de la Maladeta, le site d'Anglos abrite une bonne dizaine d'étangs perchés en balcon face au massif du Biseberri. Cette randonnée en dehors du parc national ne souffre d'aucun complexe et offre des ambiances contrastées avec une montée raide en forêt avant de découvrir en altitude le bassin lacustre d'Anglos, baigné dans un joli décor minéral encadré de hauts sommets. Les premiers lacs se présentent à l'aise sur une grande anse élevée, avec peu de relief entre chaque étendue d'eau. On commence par l'estany Gran suivi de Del Mig puis Obaga et au cœur de cet ensemble une belle cabane en bois, dépouillée, apporte une note de couleur chaleureuse. Sur l'étage supérieur en direction du pic de Soubiron se cachent, dans une haute vallée étroite et minérale, les étangs du Cap d'Anglos. Leurs eaux limpides et froides contrastent fortement avec la roche claire. S'ils n'encouragent pas à la baignade, ils vous invitent à prendre un peu de repos pour profiter de l'instant et du paysage. Peu connus et donc peu courus, tous ces étangs procurent un sentiment de découverte qui vaut bien des randonnées soi-disant plus prestigieuses.

Estanys Gran et Del Mig.

41

ESTANYS D'ANGLOS

- **Accès:** depuis la France rejoindre le val d'Aran par Saint-Béat et Fos. À Vielha, se diriger vers Lleida afin d'emprunter le tunnel. 3,5 km après la sortie vous atteignez le début d'une grande retenue d'eau. Garez-vous, juste à droite après le pont sur le ruisseau de Salenques ou à peine un peu plus loin sur un parking à gauche le long de la route.
- **Horaire:**
  3h15 aller
  2h45 retour
- **Dénivelé:** 900 m
- **Difficulté:** passages très raides
- **Carte:**
  Editorial Alpina Aneto – Maladeta 1/25000e

Itinéraire

0h00 Le sentier démarre près du pont et s'enfonce dans la forêt de hêtres tout en longeant le torrent bouillonnant de Salenques. Le balisage est celui du GR11. La première partie est relativement douce. L'ombre et la fraîcheur du ruisseau sont des atouts très agréables. Vous traverserez trois petites passerelles ainsi qu'une clairière gagnée par les framboisiers.

0h45 Vous parvenez à une bifurcation flanquée d'un poteau directionnel; votre parcours se poursuit à gauche. Encore un répit de courte durée avant de monter très fortement ensuite sous un couvert qui évolue au fur et à mesure de la montée. Le hêtre est remplacé par les bouleaux et les sorbiers. À découvert au-delà de 1900 m, ce sont les pins à crochets qui occupent joliment la pente toujours raide.

C'est seulement quand le sentier se rapproche du torrent «barranc d'Anglos» que la pente diminue et les rochers s'arrondissent. Vous entrez petit à petit dans le large cirque d'Anglos où les arbres sont totalement absents.

2h30 Vous longez le premier lac estany Gran (2215 m) dominé par le petit refuge tout en bois.

Cabane en bois et estany Gran.

Vers le sud, le cirque est barré par une grande crête de couleur marron (indiquant la présence de fer) qui tranche avec la tonalité du reste des lieux. Continuez sur le GR11, vous traverserez le ruisseau qui vient des estany Del Mig (milieu) et de l'Obaga. Passez entre le refuge en bois (ouvert aux randonneurs : bat-flanc) et un petit étang.

2 h 45 Carrefour avec trois directions dont deux avec le GR11 prenez à droite vers l'ibón de Botornas. Le GR gravit une sorte de crête qui à la fois permet d'observer l'estany del Mig à droite et de l'Obaga à gauche. Cette crête permet aussi d'atteindre…

3 h 15… les estanys du Cap d'Anglos, nichés dans un vallon perché, encadré de jolis pics, avec à droite la pointe du pic de Soubiron (2815 m). L'ambiance est touchante où l'eau d'une pureté éblouissante contraste avec la dureté des éboulis.

Revenez par le même chemin mais avant vous pouvez aller voir l'estany Fe qui se cachent derrière le col au sud-est du cirque. Vous y verrez aussi la cabane du berger qui sous le col permet d'observer l'estany Fe ainsi que le massif des Besiberri.
La descente en boucle par ce lac est très compliquée et très difficile : je ne la conseille pas du tout.

Cabane du berger et estany Fe.

42

ÉTANGS DE RIUS ET TÒRT DE RIUS

Au départ de l'Espitau de Vielha, Le port de Rius est le passage obligé pour pénétrer dans ce site lacustre assez exceptionnel. Merveilleusement niché sur le versant le plus à l'ouest du massif d'Aigüetortes, il jouxte le parc national. Deux grands lacs vous y attendent: d'abord le Rius d'une superficie de 13 ha et le Tòrt de Rius étendu tout en longueur sur 40 ha baigné dans un puissant décor minéral. Une pléiade de laquets s'ajoute aux charmes de ces lieux entourés par une belle série de sommets aux pointes rocheuses assez impressionnantes plus ou moins effilées comme la Punta d'Harlé (2883 m) et le Besiberri Nord qui culmine à 3009 m ou 3017 m selon les cartes. Tout au long du parcours, la marche se déroule dans un paysage d'origine glaciaire où la pelouse s'insinue au mieux entre les roches arrondies. Favorisée par un ensoleillement généreux et malgré l'altitude, une flore typique s'y épanouit avec talent dès le début de l'été.

Arrivée sur l'étang de Rius.

ÉTANGS DE RIUS ET TÒRT DE RIUS

Vue plongeante sur la vallée.

Vue sur le Tuc de Molierès.

- **Accès:** depuis Vielha, montez en direction de Lérida et empruntez le tunnel. À la sortie de cet ouvrage, continuez sur quelques centaines de mètres pour pouvoir faire demi-tour et remonter vers le tunnel que vous évitez cette fois-ci en passant à sa droite. Plus haut vous laissez encore l'entrée de l'ancien tunnel pour atteindre au-dessus les bâtiments de l'Espitau de Vielha; le parking est à sa gauche.
- **Horaire:**
  3h00 aller
  2h30 retour
- **Dénivelé:** 800 m
- **Difficulté:** aucune
- **Cartes:**
  Alpina Parc Nacional d'Aigüetortes i estany de Sant Maurici 1/25000e
  Rando Éditions 1/50000e N° 5 Luchon

Itinéraire

0h00 Passez entre les bâtiments en direction de Redon et Rius (poteau directionnel) pour emprunter un vieux chemin puis un sentier balisé aux couleurs du GR aidé par de nombreux cairns. Un poteau indique «refuge de Conangllos»: vous le laisserez un peu plus loin, en contrebas. Le sentier part à flanc et atteint quelques arbres (hêtres).

0h20 Le GR atteint une ancienne piste à suivre à droite. Un peu plus loin, ignorez le pont à droite pour progresser à gauche. Ainsi vous traversez à gué un affluent du torrent principal. Les hêtres plus nombreux vont être remplacés par les sapins puis

L'étang Tòrt de Rius et le massif de la Maladeta.

les pins à crochets. Vous parvenez ensuite presque au fond du cirque où le chemin vire à gauche vers le nord puis nord-ouest et se raidit sensiblement. Vous faites face au massif de l'Aneto mais pour le moment vous n'apercevez que le Tuc de Molierès.

1h40 Au carrefour vers 2065 m d'altitude (1), laissez le sentier de gauche qui permet d'accéder au lac Redon, poursuivez à droite toujours en compagnie des balises du GR. La progression est maintenant un peu plus facile.

2h10 Port de Rius à 2344 m qui permet d'apercevoir un petit bout du lac de Rius que l'on rejoint en moins de 10 minutes. Continuez votre randonnée de découverte en longeant ce grand lac sur sa rive gauche.

2h45 À l'extrémité de l'étang de Rius (2325 m), traversez son déversoir pour continuer à droite vers l'estany del Mar pour rejoindre en 15 minutes environ le lac de Tòrt de Rius encore plus étendu. Prenez un peu de hauteur pour l'admirer au mieux. Profitez abondamment du paysage composé de sommets importants comme la Punta d'Harlé (2883 m) et surtout le Besiberri Nord (3009 m) avant de revenir ensuite par le même chemin.

Suggestion: montez au collada de Lac de Mar (2468 m) en longeant d'abord le long lac de Tòrt de Rius. Comptez environ 1h30 A/R de plus.

43

ÉTANGS DE GÉMENA

Dans le magnifique vall del Boí, sur la route du prestigieux du Biseberri Sud (3023 m) les étangs de Gémena sont assurément à eux seuls un but de randonnée. Leurs altitudes respectives 2250 et 2270 m induisent un bon dénivelé et l'itinéraire demande un bel effort surtout quand il faut s'insinuer dans la muraille du cirque de Llibrequeto. Mais le plus important c'est quand même la beauté des lieux: ces deux grands étangs occupent un joli cirque dominé par le

Comaloforno (3029 m) et le Biseberri Sud mais aussi par la Punta Senyalada (2952 m) et la Punta de Lequeutre (2945 m). À l'étage supérieur, Les trois estanys Gelats se cachent à 2520 m d'altitude dans un décor minéral de haute montagne. La visite en option de ces derniers étangs s'adresse toutefois aux randonneurs expérimentés car la marche est rendue assez difficile par la raideur de la pente et aussi par les éboulis à traverser.

Ci-dessous : les deux étangs de Gémena.
À droite : sagement alignées pour la photo.

ÉTANGS DE GÉMENA

ÉGLISES ROMANES DU VALL DE BOÍ

La vallée de Boí au sud-ouest du Parc national d'Aigüetortes i estany de Sant Maurici abrite de magnifiques églises romanes dont 9 ont été inscrites au patrimoine mondial de l'Unesco en 2000. L'ensemble est composé des églises de Sant Climent et Santa Maria de Taüll (XIIe siècle), Sant Joan de Boí (XIe siècle), Santa Eulàlia d'Erill la Vall (début XIIe siècle), Sant Feliu de Barruera (XIe et XIIe siècle), la Nativitat de Durro, Santa Maria de Cardet (XIe siècle), l'Assumpció de Cóll (XIIe siècle) et de l'ermitage de Sant Quirc de Durro perché à 1500 mètres d'altitude (XIIe siècle). L'église Sant Climent de Taüll (consacrée le 10 décembre 1123) possède un clocher carré à 6 paliers comme celle de Santa Eulàlia d'Eril la Vall, avec une décoration spécifique à l'art roman lombard : arcs aveugles et frises en dents de scie. Avec celle de Sant Joan de Boí, ces églises placées dans le même axe pouvaient communiquer entre elles et surveiller le territoire. Ces édifices, remarquables par la pureté de leurs lignes, mais au cœur d'une région isolée, sont tombés dans l'oubli pendant des siècles. Ils n'ont été redécouverts par les spécialistes qu'en 1907.

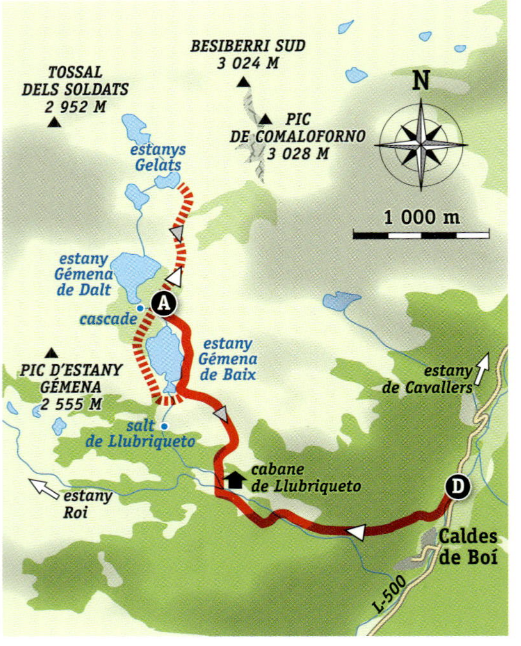

Itinéraire

0h00 Au fond du parking, suivez le sentier parallèle au torrent qui descend légèrement vers Caldès. Au bout de 5 minutes, vous parvenez à la premiere bifurcation où vous montez en direction de Gémana. Au début, en sous-bois fait de buis et de noisetiers, le sentier en lacet monte assez régulièrement et se raidit plus haut sous les hêtres. Un peu avant d'atteindre les 1800 m d'altitude, il se rapproche du torrent dont la rumeur se fait entendre plus fortement. Un câble barre le passage aux troupeaux et annonce un replat humide.

1h00 L'itinéraire traverse un premier pont sur un bras du torrent puis un gué et un autre pont pour progresser maintenant rive droite (côté gauche du torrent en montant) sous l'ombrée de la forêt de pins. Quand il revient près du torrent, il gagne maintenant la pelouse d'un replat au pied du cirque Llibrequeto.

1h30 Bifurcation où vous laissez à gauche la direction des estanys Roi pour franchir le pont à droite. Laissez une belle cabane-refuge 100 m à droite (ouverte avec une partie couchage de 4 lits avec matelas et un coin cuisine) pour aller vers la gauche afin de traverser un petit replat humide avant de gravir la « muraille » du cirque qui vous fait face. C'est d'abord une progression en lacet assez raide qui aboutit au pied des falaises. Plus raide encore, il faut alors gravir des éboulis assez gros et se déjouer de passages rocheux. La suite est plus facile.

Entrée dans le Parc Nacional d'Aigüestortes.

- **Accès :** depuis Vielha en direction de Lérida par la N 230, passez le tunnel et descendez la vallée de Ribagorçana vers Pont de Suert. Un peu avant celui-ci, remontez ensuite à gauche le val del Boí par la L500. 800 m après Caldès-de-Boí, et juste après le point d'info du parc et le pont sur la Noguera de Tor, se garer dans le pré à gauche qui fait office de parking.

- **Horaire :**
  3h00 aller
  2h30 retour
- **Dénivelé :** environ 800 m
- **Difficulté :** passages très raides
- **Cartes :**
  Alpina Parc Nacional d'Aigüetortes i estany de Sant Maurici 1/25000e
  Rando Éditions 1/50000e N° 6 Couserans - Val d'Aran

2h20 Vous parvenez sur une sorte de col à l'entrée du cirque où se présente un peu en dessous le premier étang de Gémena de Baix à 2240 m. Selon votre choix vous pouvez gagner le lac directement ou poursuivre sur une sente à droite qui navigue au-dessus de la rive du lac pour atteindre plus loin au fond du cirque...

3h00... le deuxième lac de Gémena de Dalt (2270 m) en laissant à droite le sentier (panneau du parc) qui monte au Besiberri et aux estanys Gelats qui sont perchés au-dessus de la barrière rocheuse flanquée d'une grande cascade.
La raideur du parcours et les gros éboulis qui précèdent ces derniers étangs en font une randonnée assez sportive en terrain de haute montagne. Profitez des deux étangs de Gémena en sachant que vous pouvez faire le tour assez facilement du premier : Gémena de Baix (Gémena du bas).

Revenez ensuite par le même chemin.

Cabane de Llubriqueto.

44

ESTANY DE CAVALLERS, ESTANYS DE TRAVESSANI ET DES MONGES

Ici on parle de tucs, de pointes et d'aiguilles de grande envolée qui en font un des hauts lieux de la chaîne pyrénéenne. Le décor est grandiose et prestigieux avec les différentes pointes du Besiberri à plus de 3000 m qui rougeoient aux premiers rayons solaires. À proximité, la Punta Harlé (2883 m) côtoie l'imposant Pa de Sucre (2862 m); tous deux dominent et rendent grâce à la beauté sauvage des étangs de Tumeneia. À l'opposé, s'élèvent comme des sabres, les Aiguilles de Travessani qui se mirent dans les étangs éponymes. C'est le Montardo (2837 m) qui ferme le nord du cirque où s'étalent le bleu profond de l'estany des Monges et les rives tourmentées de celui de Mangades. Voilà le programme intense de cette randonnée magique au terme du vall de Boí qui reste une des plus belles découvertes que l'on peut faire au sein du Parc national d'Aigüetortes i estany de Sant Maurici. Et le barrage imposant de Cavallers, qui supporte une étendue de plus de 45 ha et de 14 millions de m^3, en sera votre point de départ.

Passerelle à l'entrée de la Pleta de Riumalo.

L'étang des Monges et le pic de Montardo.

Refuge Ventosa y Calvell.

Estany Negre.

ESTANY DE CAVALLERS, ESTANYS DE TRAVESSANI ET DES MONGES

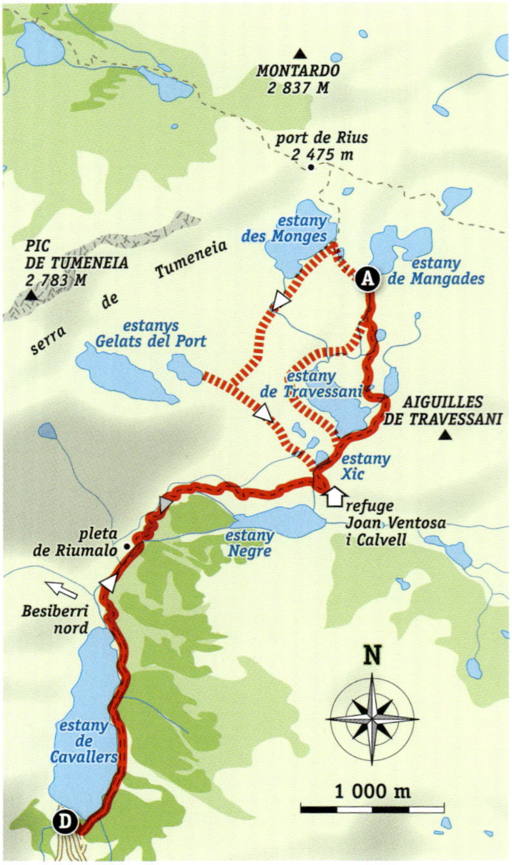

- **Accès:** depuis Vielha en direction de Lérida par la N 230, passez le tunnel et descendez la vallée de Ribagorçana vers Pont de Suert. Un peu avant celui-ci, remontez ensuite à gauche le vall del Boí par la L500. Après Caldès de Boí, remontez jusqu'au bout la petite route d'accès au barrage de Cavallers: parking au pied du grand barrage (1750 m).
- **Horaire:**
  2h30 pour le refuge
  4h15 pour l'estany des Monges
  3h20 pour le retour au parking depuis l'estany des Monges
- **Dénivelé:**
  470 m pour le refuge
  700 m pour l'estany des Monges
  Difficulté: aucune pour la première partie, pas de balisage pour la deuxième
- **Cartes:**
  Alpina Parc Nacional d'Aigüetortes i estany de Sant Maurici 1/25 000e
  Rando Éditions 1/50 000e N° 6 Couserans - Val d'Aran

Itinéraire

0h00 À l'entrée du parking, montez un ancien chemin en lacet en direction de presa de Cavallers qui passe devant une bâtisse.
En haut, vous découvrez l'immense retenue où vous laissez à gauche le barrage pour suivre longuement, en face le chemin, le long du lac sur sa rive est.

0h50 Au terme du lac, vous franchissez un ressaut rocheux en suivant les balises sous forme de petits poteaux jaunes.
Plus haut, à l'entrée du replat de la Pleta de Riumalo, vous traversez une belle passerelle en bois qui a l'originalité d'avoir un angle. Ignorez ensuite une autre passerelle à gauche (sur l'itinéraire du Besiberri) pour vous enfoncer dans la vallée en franchissant une autre passerelle.

1h20 Vous entrez dans le parc national en dépassant son panneau. Ensuite, le sentier s'élève par paliers et s'insinue à travers des ressauts successifs. Il franchit un premier gué à l'aplomb d'une cascade puis un autre au-dessus.

2h15 Vous atteignez un petit col où le paysage s'ouvre vers l'est et sur l'estany Negre. Plus haut, vous découvrez le refuge et un peu avant celui-ci vous laissez la direction Colomèrs Restanca (1) (poteau directionnel).

2 h 30 Refuge Ventosa y Calvell (2 220 m) (78 places, tél. +34 973 297 090) à cheval entre le cirque de Travessani et Colieto.
Depuis le refuge ou le dernier carrefour (1) remontez vers le nord pour atteindre un laquet (estany Xic) que l'on contourne par la droite pour atteindre au-dessus…

3 h 00… l'estany de Travessani 2 244 m au pied de magnifiques aiguilles : contournez-le par la droite en direction de Colomers (on peut aussi par la gauche mais l'itinéraire est moins évident). Un ressaut rocheux vous oblige de faire un écart. Vous passez entre deux petits lacs.

3 h 30 Bifurcation avec poteau indicateur : poursuivez à gauche vers la Restanca au nord-ouest. Vous dépassez ensuite un petit lac puis vous grimpez à droite du ruisseau.

4 h 00 Déversoir de l'estany de Mangades (2 383 m) qui s'ouvre sur un cirque où se fraye le passage du port de Caldes (accès au cirque de Colomèrs). Continuez votre itinéraire à gauche où vous dépasserez un laquet.

4 h 15 Vous atteignez l'estany des Monges (2 422 m) d'un bleu profond où se reflète la silhouette du Montardo (2 833 m). Au point haut de cette belle randonnée, laissez le sentier balisé qui monte au Port de Rius pour profiter du paysage avant de revenir par le même chemin.

Variante en boucle

Hors des sentiers balisés et parfois sans sentier tout court il est possible de compléter la visite par les étangs de Tumeneia. Ce parcours est toutefois réservé à des randonneurs sachant s'orienter, en voici une description sommaire pour vous aider.
À gauche, longer l'estany des Monges jusqu'à son déversoir. L'itinéraire descend en gros le long du ruisseau jusqu'à un replat (petit cirque). Une sente cairnée descend à gauche et retourne vers Travessani. Quittez-là pour monter en face puis traverser ensuite vers le sud dans un terrain mixte. Il faut perdre du dénivelé pour éviter des falaises à droite jusqu'à apercevoir les étangs de Tumeneia que vous rejoignez en traversée. Le premier lac est à 2 280 m, en passant à sa gauche et en grimpant le mamelon au-dessus vous dominerez le deuxième qui s'étale à 2 315 m au pied du Pa de Sucre (2 862 m) et du pic de Tumeneia (2 783 m).
Depuis le déversoir du premier, une sente vous ramène sur l'itinéraire non loin du refuge.

Estany et aiguilles de Travessani.

45

CIRQUE DE COLOMÈRS

Ce circuit atteint l'excellence par la beauté des paysages, la diversité et le nombre de lacs. C'est une débauche d'étangs de toutes tailles et de toutes formes que l'on appréhende avec une grande curiosité. Ils sont pour certains perchés comme les estanhs de Podo et Gelat, remarquables comme celui d'Obago ou discrets et cachés dans un repli du relief comme l'enfilade des estanhs des Cabos et du Plan. On ne les compte pas, on les admire. Nous vous proposons deux boucles pour les découvrir selon vos capacités et vos envies. Les deux circuits passent par le refuge situé à proximité du grand lac de Colomèrs. Ce refuge est le siège idéal pour profiter d'au moins une nuit au milieu de ce magnifique bassin lacustre en périphérie du Parc national d'Aigüetortes i estany de Sant Maurici. Nous sommes sur son versant nord assez facile d'accès.

- **Accès:** gagnez Vielha, puis vers le port dera Bonaigua atteignez Salardu. Au centre, empruntez la première rue à droite en direction du golf et les Banhs de Tredos. Laissez à gauche le barrage d'Aiguamog. Après un pont et la fin du goudron, garez-vous sur le parking des Banhs de Tredos. Au-delà, la piste est interdite à la circulation du 15 juin au 15 septembre. Possibilité de navette (4X4) qui vous amène au départ du sentier (ancien parking) pour le refuge de Colomèrs.
- **Horaire:**
  5h35 pour le petit circuit
  7h30 pour le grand circuit
- **Dénivelé:**
  600 m pour le petit circuit
  900 m pour le grand circuit
- **Difficulté:** passages raides pour le grand circuit
- **Cartes:**
  Alpina Parc Nacional d'Aigüetortes i estany de Sant Maurici 1/25 000^{e}
  Rando Éditions 1/50 000e N° 6 Couserans - Val d'Aran
- **Refuge de Colomèrs:** tél. (973) 25 30 08 ou (973) 64 05 92, www.refusonline.com

Le refuge et grand lac de Colomers.

45

CIRQUE DE COLOMÈRS

Itinéraire

0h00 Au fond du parking, laissez à droite l'accès au bâtiment pour emprunter le chemin parallèle au ruisseau.
Après une cascade, vous atteignez une cabane près de la piste, poursuivez sur le sentier à droite.
Traversez des passages marécageux aménagés de rondins de bois.
Franchissez une passerelle en bois.
Près de la piste, montez à droite, vous croiserez cette piste plusieurs fois mais avec les derniers aménagements l'itinéraire ne la suit plus. Les poteaux jaunes vous amènent près de l'ancien parking à 1990 m.

1h10 Empruntez le sentier en face, en direction du refuge de Colomèrs (panneau). Vous montez sous les arbres en lacet sur un terrain rocheux. Au-dessus sur un replat, des passages en bois sont aménagés pour traverser des zones humides.

1h30 Après la passerelle en bois (1), laissez à droite l'accès au refuge (c'est votre retour) pour prendre la direction des lacs à gauche sans balisage. Le sentier parfois raide grimpe entre le torrent et des falaises sombres.

1h55 Au premier petit lac (Clòto de Baish), passez à droite et au carrefour (poteau indicateur) laissez à droite un accès au refuge pour suivre les balises blanc et rouge du GR11.
Début de l'estanh Long qui porte bien son nom; longez-le sur sa droite en laissant un autre accès au refuge. Passez un collet marqué par un rocher en forme de menhir. Dépassez ensuite le petit estanh Redon.

2h30 Estanh Obago à 2236 m, un des plus grands lacs de ce cirque.
Poursuivez sur le GR jusqu'à mi lac à la hauteur d'un petit ruisseau (2). Là, vous avez le choix du petit ou du grand circuit.

Petit circuit

2h35 À mi lac Obago (2), laissez le GR le long du lac et l'itinéraire (grande boucle balisée en rouge) à

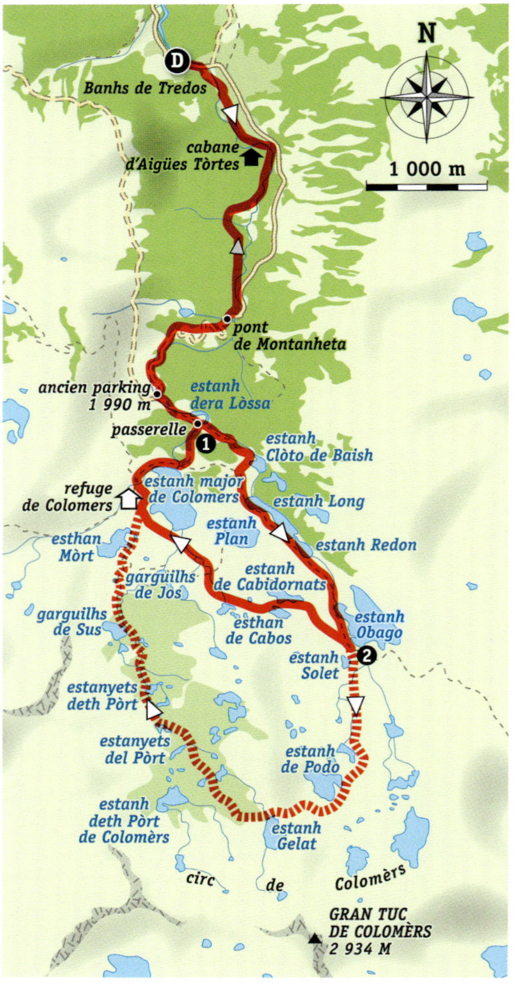

gauche pour suivre vraiment à droite une sente non balisée mais évidente qui monte vers le nord-ouest. En haut, elle passe un petit col où l'on découvre l'estanh des Gargolhes qu'il faut longer sur sa gauche. Plus loin, la sente fait un petit écart pour découvrir à gauche...

2h50... l'estanh des Cabos.
Poursuivez tout droit pour franchir un petit col et descendre dans un vallon occupé par une autre série de lacs plus ou moins grands et de toute beauté dont le plus grand est l'estanh Plan. La sente passe au-dessus à droite et descend pour atteindre le ruisseau que l'on suit en descente. Après un passage étroit,

Estanh Obago.

sur un replat, traversez le cours d'eau pour franchir une petite crête où l'on aperçoit deux autres lacs : Garguilhs de Jos. Ne pas les atteindre. Descendre dans le vallon afin de suivre le ruisseau vers la droite. Plus bas, la trace « roule » à gauche des méandres.

3 h 20 Passage étroit où vous traversez deux fois le petit torrent tout en découvrant la grandeur du lac de Colomèrs majeur avec ces deux refuges sur la rive opposée. Poursuivez à gauche afin de descendre jusqu'au lac et le contourner par la gauche et rejoindre...

3 h 40... le nouveau refuge sur la rive ouest du lac majeur de Colomèrs (tél. (973) 25 30 08 ou (973) 64 05 92). À sa gauche, le sentier poursuit le contournement du lac.
Après la passerelle, partez à droite pour rejoindre l'ancien refuge désormais fermé. Descendez un peu pour traverser sur le barrage. Au bout, descendez à gauche en suivant le balisage jaune (petits poteaux). Vous trouverez des passages de planches.

4 h 10 Passerelle en bois de l'aller (1). Traversez-la pour revenir...

4 h 25... à l'ancien parking (1990 m).

5 h 35 Banhs de Tredos.

Grand circuit

2 h 35 (2) En laissant partir le GR le long de l'étang, empruntez à droite un itinéraire balisé en rouge. Il franchit plus haut quelques passages rocheux mais faciles.
Contournez l'Estanh Solet par sa gauche.
Laissez un autre lac en contrebas puis progressez plein sud. Au-dessus, virez vers la droite (sud-ouest). Descendez ensuite vers deux autres lacs pour atteindre le plus haut et le plus grand.

3 h 30 Estanh de Pòdo à 2447 m. Contournez-le par la gauche. Vers l'ouest passez sous les barres rocheuses pour grimper dans un goulet encombré de roches.

4 h 00 Còth de Pòdo vers 2600 m, gagnez l'étang en dessous. Le sentier passe à sa droite puis descend plus bas dans un vallon qui plonge jusqu'au lac deth Port de Colomèrs. Attention n'allez pas jusqu'à ce lac pour bien suivre le balisage qui franchit un éperon rocheux et descend vers d'autres petits lacs. Vous passerez à gauche du lac de Podo pour longer plus loin les estanhets deth Port.

5 h 00 Garguilhs de Sus (ou estanh de Cabidornats) à 2325 m : son déversoir coule en cascade. Plus bas vous franchissez son ruisseau.

5 h 15 Croisements d'itinéraires : laissez le balisage jaune à droite (autre variante).
Dix minutes plus tard vous dominez l'estanh Mòrt (2216 m) que vous laissez sur la gauche. Le sentier plonge ensuite sur le grand lac pour atteindre...

5 h 45... le nouveau refuge sur la rive ouest du lac majeur de Colomèrs (tél. (973) 25 30 08 ou (973) 64 05 92). À sa gauche, le sentier poursuit le contournement du lac.
Après la passerelle, partez à droite pour rejoindre l'ancien refuge désormais fermé. Descendez un peu pour traverser sur le barrage. Au bout, descendez à gauche en suivant le balisage jaune (petits poteaux). Vous trouverez des passages de planches.

6 h 10 Passerelle de l'aller (1). Traversez-la pour revenir...

6 h 20... à l'ancien parking (1990 m).

7 h 30 Banhs de Tredos.

46

ESTANHS DE SABOREDO

Au sein comme en périphérie du Parc national d'Aigüetortes i estany de Sant Maurici, les vallées se côtoient et communiquent entre elles par des cols plus ou moins hauts et plus ou moins difficiles mais aucune ne se ressemblent. Elles se distinguent par leurs formes singulières: larges et ouvertes pour celle de Colomèrs ou plus discrète et un peu effilée comme celle de Gerber. Saboredo, la vallée à découvrir aujourd'hui, cultive aussi sa différence parce qu'elle est une synthèse des deux. Le dénivelé est peu important et la boucle des cinq étangs principaux (on peut y ajouter un sixième avec l'étang Gelat) reste facile au cœur d'un cirque encadré de sommets qui en imposent par leurs silhouettes effilées comme le Tuc de Saboredo (2814 m) et le pic d'Amitges (2824 m). Au cœur de cette vallée, adossé à une colline, le refuge discret agrandi en 2013 possède maintenant 21 places. Il est le meilleur allié pour profiter de ce coin des Pyrénées aranaises.

Estanhs de Naut et Major de Saboredo.

Refuge de Saboredo.

46

ESTANHS DE SABOREDO

- **Accès:** depuis Vielha, prendre la direction du port dera Bonaigua. Vous dépasserez Artiès, Salardu et Tredos et Baqueira aussi tout en laissant la direction de la vallée de Ruda au centre-ville et juste avant la sortie. Continuez en direction du col pour prendre le premier chemin à droite qui descend et traverse le ruisseau de Ruda. Au-dessus, vous laissez un accès à une maison à droite. Vous suivez désormais cette piste jusqu'au bout où quelques passages sont érodés et délicats vers la fin. Garez-vous sur le petit parking de la Palanqua de Campo à 1750 m.

- **Horaire:**
3 h 35 aller
1 h 25 retour
Dénivelé: 600 m
- **Difficulté:** aucune
- **Cartes:**
Alpina Parc Nacional d'Aigüetortes i estany de Sant Maurici 1/25 000e
Rando Éditions 1/50 000e N° 6 Couserans - Val d'Aran
- **Refuge de Saboredo:** tél. (973) 25 30 15 ou (973) 25 24 63, www.refusonline.com

Itinéraire

0 h 00 Commencez votre rando en suivant longuement l'ancienne piste non carrossable (sauf pour le 4X4 du gardien du refuge). En compagnie du torrent à travers une forêt de pins et après quelques

lacets plus ou moins raides, vous parvenez à la fin de la piste sur un grand replat herbeux: la pleta de Saboredo.

0 h 50 Avec le GR11, suivez maintenant le sentier qui monte à gauche. Il passe une crête puis laisse à droite un petit barrage sur la rivière. Il navigue à travers le bas du cirque de Saboredo dans des moutonnements faciles.

1 h 25 Passerelle: traversez le ruisseau pour suivre le sentier qui serpente à travers différents ressauts rocheux et bosquets de pins. La fin est un peu plus raide.

1 h 40 Refuge gardé de Saboredo blotti à 2 310 m (réservation au 937 253 015).
Débute maintenant une boucle à la découverte des cinq étangs principaux de ce cirque. Commencez vers l'ouest (à gauche face au refuge), en contrebas à 5 minutes l'étang de Baisch (étang du bas) au pied du Tuc Gran de Sendrosa (2 706 m). Ensuite revenez vers le refuge pour prendre la direction du port de

Aiguilles de Saboredo.

Cingle plongeur.

Ratera vers le sud. Vous atteignez ainsi l'étang du milieu, estanh deth Miei, le plus grand des trois. Continuez toujours vers le sud pour atteindre...

2h20... l'estanh de Naut : le troisième dominé par le port et le pic de Ratera (2862 m).
Pour continuer la boucle : un peu avant ce troisième lac, vous devez gravir un petit col à gauche (sente cairnée). En haut, vous découvrez l'estanh Major de Saboredo (le plus grand du secteur qui possède un barrage). De ce petit col, partez vers la droite sur la crête toujours par une sente cairnée qui passe à côté d'un pluviomètre. Elle descend ensuite vers le bord de l'estanh Major de Saboredo pour atteindre ainsi le déversoir et...

2h50... la rive de l'estanh de Naut de Saboredo (étang du haut), plus sauvage, dominé par les parois sombres du tuc de Saboredo (2829 m) et la magnifique aiguille de Saboredo.
Pour le retour, vous pouvez longer l'estanh Major de Saboredo jusqu'à son...

3h15... barrage (à droite l'accès à l'étang Gelat, A/R en 45 minutes). Descendez en dessous pour suivre le GR. Traversez la rivière pour remonter en face.

3h35 Refuge de Saboredo. Reprenez le chemin de l'aller.

5h00 Parking.

LE VAL D'ARAN

Le val d'Aran est une comarque (division territoriale) espagnole à l'extrémité nord-ouest de la région de Catalogne et à proximité de la France. Le val d'Aran est délimité géographiquement par le col de Bonaigue à l'est, le tunnel de Vielha au sud et la frontière française au nord limitrophe de la Haute-Garonne. Cette comarque qui regroupe 33 villages, dont Vielha (ou Viella) en est la capitale, possède un statut de semi autonomie depuis 1990 et sa langue officielle est l'occitan (l'aranais) conjointement avec le catalan et le castillan. La population est estimée à peu près à 8000 habitants dont plus de 5000 à Vielha. Son économie traditionnellement agricole (élevage) repose maintenant sur le tourisme d'été (limitrophe avec le Parc national d'Aigüetortes i estany de Sant Maurici) et d'hiver avec la station de ski de Baqueira-Béret (une des plus importantes d'Espagne). Si Vielha est devenu une ville moderne, les villages ont gardé leur typicité aranaise. Les églises sont souvent romanes du XIIe et XIIIe siècle (roman tardif) avec un riche décor sculpté et un clocher caractéristique. Parmi les plus visitées, on retient Santa Maria de Artiès (reconnue monument national pour son retable et ses fresques), Sant Miqueu de Vielha (transition du roman au gothique), San Andreu de Salardu ainsi que les églises de Bossost et d'Unha.

Linaigrettes.

47

ESTANY GERBER ET REFUGE GERBER « MATARÓ »

Il est des randonnées qui cachent bien leur jeu et celle-ci en est un parfait exemple. En contrebas du port dera Bonaigua sur son versant est, le val de Gerber n'a pas l'aura des autres vallées connues du parc national mais ici aussi on va de surprise en surprise. Au-delà du grand étang de Gerber enchâssé dans un grand cirque en forme d'entonnoir, la suite du parcours est jalonnée de plusieurs lacs de tailles et de formes différentes accompagnés d'un décor plus ouvert. Par petits ressauts, vous irez ainsi jusqu'au petit refuge de Mataró qui tel un phare orange se dresse au milieu de cette très belle vallée lacustre où chaque détail du paysage contribue à l'émerveillement. À la grandeur du paysage s'ajoute toute la finesse des détails où la silhouette des vieux pins à crochets parfois décharnés s'accorde parfaitement aux ondulations de la roche granitique.

- **Accès:** depuis Vielha, prendre la direction du port dera Bonaigua par la C 142 en passant par Salardu et Baqueira entre autres. Franchir le col et descendre sur environ 2, 5 km pour se garer sur le parking à droite près d'un départ d'un téléphérique (alt. 1900 m environ).
- **Horaire:**
  1h20 pour l'estany Gerber
  3h00 pour le refuge
  2h00 pour le retour au parking depuis le refuge
- **Dénivelé:**
  250 m pour l'estany Gerber
  560 m pour le refuge
- **Difficulté:** aucune
- **Cartes:**
  Alpina Parc Nacional d'Aigüetortes i estany de Sant Maurici 1/25 000e
  Rando Éditions 1/50 000e N° 6 Couserans – Val d'Aran

Estary Llong.

ESTANY GERBER ET REFUGE GERBER « MATARÓ »

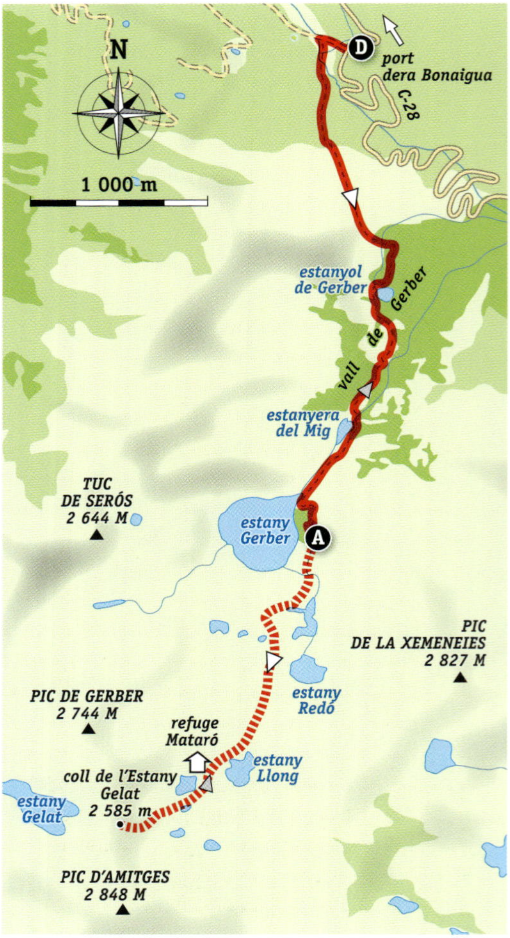

Doronic.

Itinéraire

0 h 00 En dessous du parking, empruntez les deux passerelles sur le petit ruisseau de la Bonaïgue pour suivre le sentier qui zèbre le flanc, en face, tout en se dirigeant vers le sud-est. La progression est douce avec même des portions de plat et de descente légère. Cette première partie permet d'atteindre l'entrée de la vallée du Gerber. À ce moment-là, le sentier vire vers le sud et grimpe sous le couvert des pins à crochets.

0 h 35 Vous dépassez par la droite un premier petit lac entouré de végétation (estanyol de Gerber). L'itinéraire navigue à travers un paysage de roches lisses agrémentées de nombreux pins avec un passage de crête et une courte descente. D'anciennes peintures vert et orange accompagnées par quelques poteaux jaunes balisent le trajet.

1 h 00 À la bifurcation, un poteau vous indique de continuer à gauche vers le Gerber. Un peu plus loin vous longerez sur sa gauche un deuxième petit lac. Au-dessus, le sentier progresse dans un défilé et atteint le déversoir.

1 h 20 Étang du Gerber à 2150 m : grand lac rond de 14,8 ha et enchâssé au fond d'un cirque dominé par les silhouettes altières du Tuc de Serdos, des aiguilles de Saboredo (2607 m), du pic de Gerber (2709 m) et du pic de Xeimeneies (2827 m).
Continuez la progression à gauche. Le sentier s'élève graduellement bien au-dessus du lac avant de traverser à flanc jusqu'à traverser un ruisseau (petites cascades au-dessus). Ensuite, un couloir encombré de roches plus ou moins grosses vous attend. C'est le passage le plus raide avec quelques « marches » un peu hautes, mais jamais insurmontables.

Estany Gelat de l'Illaet.

2h00 Un passage de crête révèle un autre petit étang vers 2330 m ; remarquez-en un autre à gauche à quelques mètres de ce dernier. Il se dévoilera d'un peu plus haut.
La trace part à droite avant de progresser à travers une zone doucement vallonnée vraiment très agréable à la fois pour la vue et la marche. De nombreux lacs se dévoilent à droite et surtout à gauche. Remarquez à hauteur l'estany Redó que l'on laisse bien à gauche les détails du lac en contrebas (sans nom) avec son découpage particulier et ses roches arrondies flanquées de pins fiers.
La suite facile progresse par paliers dans un décor de haute montagne vraiment magnifique.
L'arrivée sur l'étang Llong à 2450 m annonce...

3h00... le refuge Mataró (2460 m) qui, de son promontoire rocheux, domine les derniers lacs de la vallée. Ce refuge non gardé propose 8 couchages avec matelas, couvertures et postes de secours. Ce lieu est très propre et accueillant. Vous avez atteint le point haut de ce descriptif mais vous pouvez poursuivre vers le col qui vous tend les bras au-dessus. Le coll de l'Estany Gelat à 2585 m ouvre la vue sur la vallée de Saboredo et sur les magnifiques 3000 du parc national et au-delà.
Le retour se fait par le même chemin.

Refuge Mataró.

48

ESTANYS SANT MAURICI, RATERA ET AMITGES

Estany de Ratera.

Le site de l'étang de Sant Maurici est grandiose et facile d'accès ce qui explique son grand succès auprès des visiteurs quels qu'ils soient, des simples promeneurs aux randonneurs expérimentés. Les uns vont se contenter des rives du lac de Sant Maurici alors que les autres iront taquiner les lacs d'altitude ou se frotter aux plus hauts sommets. Ce qui est proposé ici est une belle série de lacs échelonnés sur le parcours (pas moins de 6 avec une petite variante au retour) qui vous amènera à l'estany Gran d'Amitges magnifié par de belles aiguilles de granit coloré d'une teinte ocre. Les grands sommets imposants de Bassiero (2903 m), d'Amitges (2848 m) et de Saboredo (2829 m) complètent le haut de ce cirque. À 5 minutes de l'étang, posé sur une petite crête, le grand refuge d'Amitges vous accueille en parfaite vigie à 2366 m d'altitude dominant toute la vallée de Sant Maurici et des Encantats: les «monts enchantés».

Estany Gran et aiguilles d'Amitges.

◆ **Accès :** depuis la France, gagnez l'Espagne par le val d'Aran. À Vielha, montez et passez le port dera Bonaïgua (C 142), descendez jusque dans le val d'Aneu. Sur la droite, prenez la direction d'Espot que vous traversez pour atteindre par une petite route étroite de 3,5 km le parking de San Maurici : Prat de Pierró (1660 m environ). Au-delà la circulation est interdite.

◆ **Horaire :**
1h10 pour Sant Maurici
2h00 pour Ratera
2h45 pour Amitges
1h50 pour le retour d'Amitges au parking

◆ **Dénivelé :**
250 m pour Sant Maurici
470 m pour Ratera
780 m pour Amitges

◆ **Difficulté :** aucune

◆ **Cartes :**
Alpina Parc Nacional d'Aigüetortes i estany de Sant Maurici 1/25 000e
Rando Éditions 1/50 000e N° 6 Couserans - Val d'Aran

Refuge d'Amitges : www.refusonline.com

ESTANYS SANT MAURICI, RATÈRA ET AMITGES

Refuge d'Amitges.

Itinéraire

0 h 00 Après la barrière, empruntez le chemin aménagé tout en bois pour les personnes à mobilité réduite. Pratiquement à plat dans la forêt de résineux, il se termine à la rivière. Traversez le pont pour remonter en face et suivre le chemin au-dessus vers le sud-ouest. Vous laisserez ensuite le GR 11 vers Espot à droite pour continuer tout droit au milieu des prairies.

0 h 20 Traversez la route pour continuer en face sur un chemin qui court longuement en forêt en parallèle de la rivière. Quelques passages sont aménagés dans cette forêt magnifique où certains arbres sont remarquables (gros sapins).

0 h 50 Vous parvenez sur une large piste GR 11 que vous utilisez à gauche pour passer sur un pont en rondins.

Vous dépassez la source de l'ermite et plus haut au carrefour, vous laissez à gauche la direction du refuge de Mallafré (panneau directionnel).

1 h 10 Au pied du barrage de Sant Maurici, continuer à droite et au-dessus allez en direction de Ratèra tout en suivant le sentier parallèle au bord du lac. Plus loin, un poteau vous indique la cascade que vous laisserez plus haut à gauche après une petite visite. Au carrefour un peu plus haut, continuez à gauche toujours en direction de Ratèra.
Vous atteignez la piste (à nouveau le GR 11) que vous suivez désormais à gauche.

2 h 00 Estany de Ratèra (2130 m, 4,5 ha) que la piste évite sur sa gauche. Remarquez la cascade qui sort de la roche de l'autre côté de l'étang.
À la bifurcation suivante (1), continuez sur la branche de droite. Vous dépassez tranquillement le petit estany de la Cabana (2170 m) et ce n'est qu'après le virage prochain que la piste se redresse un peu. De grands lacets sur la piste rocheuse permettent d'atteindre…

2 h 45… le refuge d'Amitges (2 366 m) placé sur une petite crête dominant ainsi tout le grand cirque. Vers le nord se trouvent à moins de 5 minutes le barrage et l'étang Gran d'Amitges (à 2 363 m d'altitude et d'une superficie de 5 ha) dominé par les belles aiguilles d'Amitges, elles-mêmes dominées par les pics de Saboredo (2 829 m), d'Amitges (2 848 m) et de Bassiero (2 903 m).

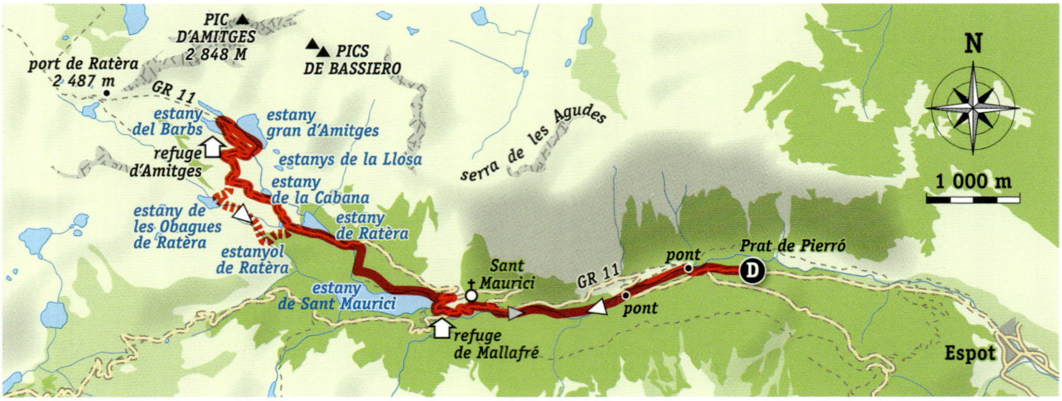

LE PARC NATIONAL D'AIGÜETORTES I ESTANY DE SANT MAURICI

Ce parc créé en 1955 dans la communauté autonome de Catalogne s'étend sur plus de 408 km² au centre des Pyrénées espagnoles dans la province de Lérida à cheval sur les « comarques » du val d'Aran (Vielha), de Pallars Jussa (Cabdella), de Pallars Sobira et d'Alta Ribagorça. Une région au centre d'un triangle compris entre Vielha au nord, Espot à l'est et Pont de Suert au sud. Le parc se compose d'une zone centrale de 14 119 hectares et d'une zone périphérique de protection. Il a su préserver une flore et une faune dans un état presque sauvage. Malgré tout, la trace de l'homme est inévitable avec le pastoralisme, le tourisme et la production d'hydroélectricité. Le parc englobe plus de deux cents lacs comme ceux du bassin de Colomèrs, de Rius, de Saboredo ou tous ceux qui entourent le pic de Peguera et tant d'autres. Des aiguilles et des pics prestigieux hérissent le parc comme les fameux Encantats, Amitges, Ratèra ou Montardo avec certains dépassant les 3 000 mètres comme les Bessiberri (3 030 m et 3 014 m) et la Punta Alta (3 014 m) et le Comaloformo (3 033 m). Dans toutes les vallées du parc se joue la parfaite union entre la roche, les pins et l'eau.

Poursuivez votre découverte en longeant cet étang vers la gauche. Vous parvenez ainsi à une sorte de col où vous apercevez l'étang étroit de Munyidera puis l'arrivée sur la fin de la piste révèle l'estany dels Barbs.
Continuez sur la piste pour revenir plus rapidement au refuge.
Revenez par le même chemin ou faites une variante pour la descente qui allonge de 30 à 40 minutes le trajet.

Variante à la descente par l'estany de les Obagues de Ratèra

Reprenez le chemin sous le refuge et rapidement prenez à droite le sentier à flanc balisé en jaune.
En traversée, il domine en balcon la piste d'accès au refuge.
Une fois la crête passée, la sente descend à gauche et domine l'estany de les Obagues de Ratèra. Dans la descente pour le rejoindre vous laisserez le GR 11 grimper vers le port de Ratèra à droite.
Depuis l'estany de les Obagues de Ratèra (2 225 m), remontez un peu avec le GR avant de descendre dans un vallon encombré d'éboulis.
Franchissez le ruisseau sur trois troncs avant de rejoindre une piste, un peu plus loin, que vous suivez à gauche. Vous retrouvez ainsi la bifurcation (1) après l'estany de Ratèra qui vous permet de redescendre sur l'estany Sant Maurici par le chemin de l'aller tout en profitant de la vue sur les deux sommets des Encantats.

Les deux sommets des Encantats.

49

ESTANY DE PEGUERA ET REFUGE JOSEP MARIA BLANCA

L'approche forestière assez longue et un peu rébarbative, heureusement facile, ne permet en aucun cas d'envisager la découverte d'un site à la fois aussi grandiose et si finement composé. Dans ce coin de paradis pyrénéen, sur la surface des eaux cristallines des étangs de Peguera se mirent les sommets majestueux de Saburo, de la Maneira, de Peguera et encore de Monestero. Le refuge Josep Maria Blanca posé sur une presqu'île de l'estany Trullo ne peut être mieux placé pour jouir de ce spectacle à la fois apaisant et saisissant. Autour, les bouquets de pins à crochets, parfois torturés ou décharnés par les conditions climatiques difficiles, œuvrent en grande partie à l'esthétique de ces paysages. Après cette approche, nous vous proposons de compléter la visite par une petite boucle pour découvrir au-dessus la substantifique moelle de ce magnifique cirque. Elle passe par les petits étangs de la Coveta et de la Cabana qui ouvre la vue sur les grands lacs et sur ces hauts sommets pleins de caractère.

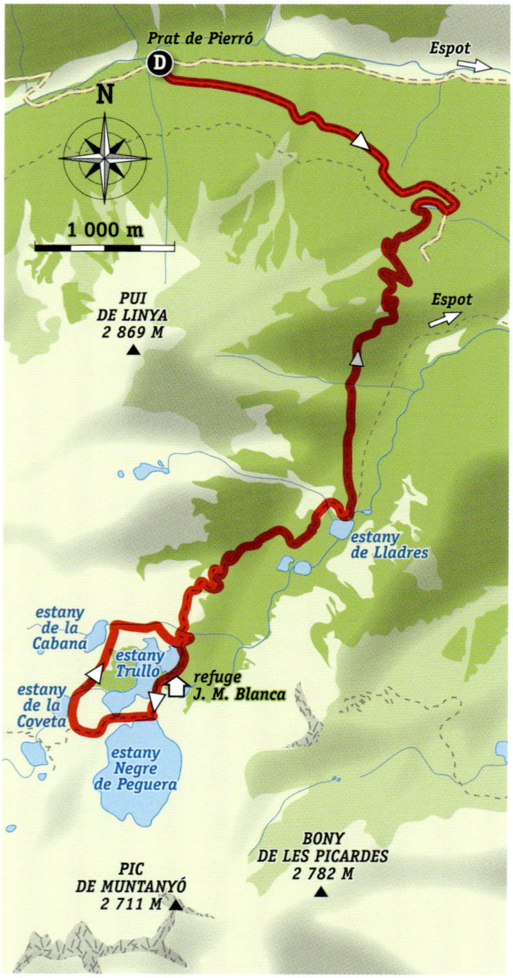

- **Accès:** depuis la France, gagnez l'Espagne par le val d'Aran. À Vielha, montez et passez le port dera Bonaïgua (C 142), descendez jusque dans le val d'Aneu. Sur la droite, prenez la direction d'Espot que vous traversez pour atteindre par une petite route étroite de 3,5 km le parking de San Maurici : Prat de Pierró (1660 m environ). Au-delà la circulation est interdite.
- **Horaire:**
  2h50 pour le refuge
  2h00 à 2h30 retour du refuge au départ
  + 1h30 pour la boucle
- **Dénivelé:**
  660 m jusqu'au refuge
  + 120 m pour la petite boucle au-dessus
- **Difficulté:** aucune
- **Cartes:**
  Alpina Parc Nacional d'Aigüetortes i estany de Sant Maurici 1/25 000e
  Rando Éditions 1/50 000e N° 6 Couserans - Val d'Aran
  Refuge Josep Maria Blanca: réservation 973 641 681, www.refusonline.com

L'estany Tort de Peguera et le refuge Josep Maria Blanca.

Un des barrages de l'estany Negre de Peguera.

Un vieux pin à crochets.

ESTANY DE PEGUERA ET REFUGE JOSEP MARIA BLANCA

Estany Tort de Peguera.

Itinéraire

0h00 Au bout du parking, passez la barrière pour suivre longuement la première piste forestière à gauche (poteau indicateur). Elle monte doucement dans une forêt de sapins et de pins. Sans aucun balisage: il n'y en a pas besoin.

0h40 Au bout du premier lacet, découvrez une grosse canalisation suivie de bâtiments et d'une retenue d'eau grillagée. Au carrefour après celle-ci, continuez votre progression sur la piste en laissant un embranchement à droite. Vous y dépasserez un ancien refuge forestier.

1h10 Dans une épingle, laissez un grand chalet à gauche.
Plus haut, tout en changeant de versant, la piste redescend en faisant deux lacets pour continuer pratiquement à plat. Vous y traverserez un tunnel. Ce chemin en balcon est assez agréable.

1h45 L'itinéraire qui vient d'Espot est à gauche juste avant le petit barrage de l'estany de Lladres (2030 m d'altitude) flanqué d'une cabane. La piste devient plus rocailleuse et certaines portions sont pavées de pierres et de béton. La montée se fait plus raide par moments.
Une petite descente aboutit à un pont en béton et après une petite montée vous parvenez à l'angle (1) des deux barrages de l'estany Trullo à 2320 m et d'une superficie de 10 ha. Continuez un peu sur la piste pour prendre à droite l'accès du refuge tout proche.

2h50 Refuge Josep Maria Blanca 2318 m (le nouveau, 60 places en été) placé magnifiquement sur une presqu'île. Une partie hivernale possède une douzaine de couchages, poste de secours, lumière et prises électriques et un chauffage au gaz.
Profitez de ces lieux magiques et de toute beauté.

La boucle suivante permet de découvrir facilement l'ensemble des lacs à proximité du refuge:

2h50 Depuis le refuge, revenez sur la piste pour la suivre à droite. Vous dépasserez deux anciens bâtiments et au terme du chemin se trouve le petit barrage du grand Estany Negre de Peguera. Le GR 11 monte à droite sur un mamelon rocheux parsemé de pins de tout âge. La montée un peu raide mais courte permet d'observer ce grand étang dominé par plusieurs sommets. Plus loin, le GR redescend près du lac pour traverser sur des troncs d'arbres et un peu plus loin le barrage en angle. Ensuite la montée dans les roches est assez raide, mais heureusement il y a des marches et cette vue unique sur les deux lacs. Le spectacle est une vraie merveille. Au-delà le GR emprunte un couloir facile.

3h30 Au petit col, laissez le GR 11 partir vers la gauche pour suivre une trace cairnée à droite qui descend et traverse à flanc au-dessus de l'estany de la Coveta (2410 m). Au bout, vous traversez le déversoir pour descendre un peu le long du ruisseau avant de remonter à gauche (légèrement au-dessus d'un petit barrage flanqué d'un tunnel) pour passer une crête. La sente traverse le vallon suivant où se trouve l'estany de la Cabana. Vous restez en hauteur avant de franchir la crête à droite où apparaît de nouveau l'Estany Trullo, que vous rejoignez à son extrémité nord-ouest. Longez-le sur sa gauche, puis sous le barrage pour retrouver l'angle (1) des deux barrages.

4h20 Empruntez la piste à gauche pour revenir à votre point de départ: 2h à 2h30 de descente.

Suggestions: montez soit au col de Peguera (2716 m) ou soit au col de Saburo (2668 m) par le GR via les estanys del Cap de Port (2530 m).

50

ESTANY DE LA GOLA ET TRES ESTANYS DE VENTOLAU

Cascade de la Gola.

Au nord d'Esterri d'Àneu, non loin de la frontière avec la France, au pied du pic de Ventolau dans le massif des Mont Rouch, cette vallée des Pyrénées, un peu à l'écart des grandes zones connues, recèle un bel ensemble de lacs. C'est une très belle randonnée qui vous attend et un beau programme avec cinq ou six plans d'eau à découvrir. Comme une introduction, l'ensemble commence par une belle cascade et un beau sentier en lacet pour atteindre d'abord le grand estany de la Gola annoncé par le petit refuge récent. Ce premier étang de 11 hectares, un peu austère, verrouille pratiquement le vallon, mais n'en bloque pas l'accès. Au-dessus, continuez la visite en faisant un petit écart pour admirer le magnifique étang de Calberante qui joue avec les nuances de bleu et de vert. Vous poursuivrez la randonnée en gagnant l'autre vallon parallèle où s'étalent les Tres Estany. Dans ce balcon lacustre, au pied du pic de Ventolau, il est ingénieux de s'élever un peu pour contempler au mieux ces étangs et profiter d'une vue assez exceptionnelle sur les sommets du Parc national d'Aigüetortes et de la Maladeta.

Tourbière de la Gola.

50

ESTANY DE LA GOLA ET TRES ESTANYS DE VENTOLAU

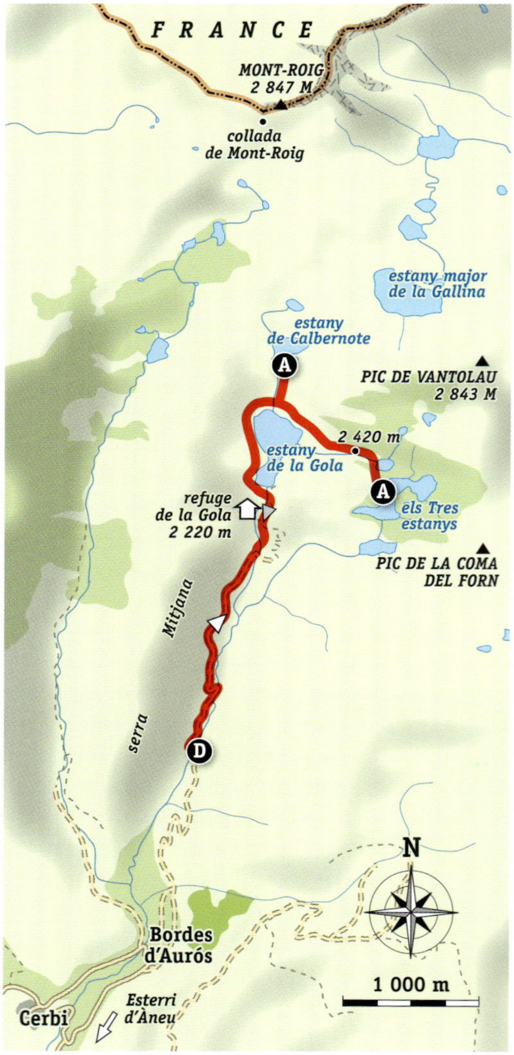

◆ **Accès:** depuis la France, gagnez l'Espagne par le val d'Aran. À Vielha, montez et passez le port dera Bonaigua (C 142), descendez jusqu'à Esterri d'Àneu. À l'entrée, prenez à droite la direction de Cerbi: passez Unarre et Auros. Après la bifurcation de Gavas (que vous laissez à droite) et un peu avant Cerbi prenez la piste à droite (panneau). À moins d'1 km après (bifurcation) montez à droite longuement et prudemment sur près de 3 km, passez plus haut un pont. Garez-vous sur le parking aménagé à 1750 m d'altitude. Attention cette piste est étroite et peu adaptée aux voitures de tourisme où les croisements sont très difficiles. Dans ce cas-là, laissez la voiture près de Cerbi et remontez la piste à pied: compter 1h10 de plus environ.

◆ **Horaire:**
1h15 aller pour l'estany de la Gola
5h00 A/R pour les Tres Estanys de Ventolau

◆ **Dénivelé:**
500 m pour Gola
800 m pour l'ensemble

◆ **Difficulté:** aucune

◆ **Cartes:**
ICC 43-Parc Natural de l'Alt Pirineu NW (Vall d'Àneu, Mont-roig).
Rando Éditions 1/50 000e N° 6 Couserans - Val d'Aran

Els Tres Estanys de Ventolau.

Itinéraire

0h00 Commencez la marche sur la piste qui se poursuit au-dessus du parking avec un balisage jaune.

0h30 À la fin de celle-ci, au pied de la cascade, traversez la passerelle afin de suivre un sentier qui va s'élever en lacet.
À la bifurcation dans la montée (panneau), laissez à droite la direction de Ventolau.

1h00 Vous parvenez ainsi au refuge de la Gola à 2220 m (non gardé). Au-delà et assez rapidement, vous atteignez le grand estany de la Gola situé à 2250 m pris en tenaille entre deux petits sommets. Contournez-le par la gauche.

1h30 De l'autre côté, un vieil orry vous sert de repère, suivez alors le balisage qui monte au-dessus à droite et traversez le ruisseau. Vous parvenez à une intersection avec un poteau (1) (2321 m). Prenez le temps de monter d'abord à l'étang de Calberante à (2357 m) à gauche en moins de 15 minutes. Il en vaut vraiment le coup. Montez à gauche, vous rencontrerez un autre poteau puis le ruisseau déversoir qui annonce...

1h50... l'étang de Calberante à 2380 m et d'une superficie de 3 hectares. Après une pause méritée, revenez à l'intersection avec le poteau (1) puis continuez tout droit à flanc pour aller chercher un vallon qui se dessine un peu plus loin à gauche. Remontez ce vallon où vous traverserez le ruisseau un peu plus haut pour progresser ensuite sur le versant à droite sur des éboulis faciles.

2h40 Vous atteignez ainsi un petit col à 2420 m, juste au-dessus d'un petit étang, allez à droite en traversée. Gagnez alors un autre petit col qui vous dévoile les deux grands lacs. Descendez un peu pour les atteindre.

2h50 Els Tres Estanys de Ventolau : c'est un magnifique ensemble de lacs que vous admirerez à loisir. Le tour en est possible. Avancez un peu au-delà du troisième étang pour surplomber l'étang de Ventolau en contrebas.

Revenez par le même chemin car c'est l'itinéraire vraiment le plus facile.

L'auteur

En 1979, **Jean-Pierre Siréjol** s'installe en haute Ariège. Accompagnateur en montagne depuis 1986, il associe à cette pratique la passion de la photographie qui devient petit à petit une activité professionnelle. Il collabore régulièrement avec divers magazines et maisons d'édition.

Achevé d'imprimer en France en mai 2018 par Pollina - 84553,
sur papier provenant de forêts gérées de manière durable.

PEFC™ 10-31-2065 / Certifié PEFC / pefc-france.org